AF463132

VIE

DE

M. LOUIS DE CISSEY

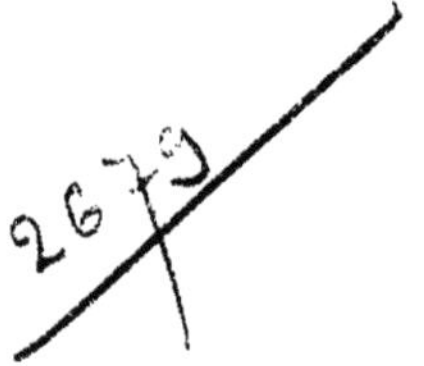

IMPRIMERIE DE CITEAUX. — CÔTE-D'OR.

VIE

DE

M. LOUIS DE CISSEY

PROMOTEUR ET APOTRE

DE L'ŒUVRE DE LA SANCTIFICATION DU DIMANCHE

PAR

L'abbé B. FAURE

Curé de Merceuil

« Vous avez été en France, pour l'Œuvre dominicale, l'Apôtre de mon prédécesseur Pie IX ; soyez l'Apôtre de son successeur. »

(*Paroles* de S. S. Léon XIII à M. L. de Cissey.)

CITEAUX

(Côte-d'Or)

IMPRIMERIE SAINT-JOSEPH

1895

ÉVÊCHÉ
DE
DIJON

Mont-Dore (Puy-de-Dôme) le 20 Août 1895.

Cher Monsieur le Curé,

La *Vie de M. Louis de Cissey*, que vous avez bien voulu soumettre à mon examen, m'a profondément édifié. Je vous dois donc plus qu'un simple *Imprimatur*, et je me regarde comme étant, en bonne justice, obligé de vous adresser un sincère et très cordial merci.

Comment, en effet, ne pas vous savoir gré d'avoir fixé pour toujours la physionomie d'un homme qui, simple combattant dans l'armée séculière, se montra constamment au premier rang parmi les meilleurs chrétiens et les plus vaillants soldats de Dieu ?

Prêtres et fidèles peuvent puiser de si fortifiantes leçons dans le récit de son long et fructueux apostolat, que nous ne vous serons jamais trop reconnaissants de ne les avoir pas laissé tomber dans l'oubli. Par le dévouement et le sacrifice agir sur les âmes ; les entraîner, à force de les aimer ; mettre, en un mot, la foi sous la protection de la charité, tel fut le but poursuivi sans relâche pendant près d'un demi-siècle, et souvent atteint avec un rare bonheur, par celui dont vous venez d'esquisser l'histoire.

Et pourtant il a vécu près de nous, dans le même milieu que nous ; comme nous il a connu les périls de notre époque ; avant nous, il s'est heurté aux difficultés des jours mauvais que nous traversons. Et c'est là précisément ce qui donne à son exemple tant de poids, et prête à l'enseignement qui se dégage de sa carrière une autorité puissante, en même temps qu'un attrait invincible.

Il serait, en effet, difficile de s'y soustraire ; car, lorsqu'on a passé quelques heures en contact avec le cœur ardent de ce valeureux champion de l'Eglise, on ne peut pas ne pas sentir s'aviver, dans le sien, la flamme de l'amour du Christ et le zèle du salut des âmes.

Aussi, je demeure convaincu qu'en retraçant la biographie de M. de Cissey, vous aurez été deux fois heureux : la première, en satisfaisant au désir de ceux qui conservent, avec vous, pieusement sa mémoire ; — la seconde, en accomplissant une œuvre, une bonne œuvre, digne de notre gratitude et de notre admiration.

Puisse le volume que vous publiez aujourd'hui *susciter des fils* au regretté Promoteur de l'Association dominicale, et faire germer à l'ombre de son nom une lignée d'apôtres dignes de lui ! Je ne saurais formuler un vœu qui vous aille plus directement au cœur. Je demande à Dieu de le réaliser et je vous prie, cher monsieur le Curé, d'agréer l'expression de mes félicitations et de mes bien dévoués sentiments.

† HENRI *év. de Dijon.*

AVANT-PROPOS.

« Les catholiques simples fidèles, disait Monseigneur Parisis, ont, dans les temps actuels, une mission bien belle. Le monde se sécularise et tend à faire ses affaires en dehors du clergé ; les hommes du jour se plaisent à répéter que l'État est laïque. Eh bien ! Dieu suscitera au milieu de ce monde un sacerdoce laïque, qui n'aura ni le caractère sacramentel qu'il blasphème, ni l'autorité qu'il repousse, ni la vie à part qu'il critique ; mais qui aura l'intelligence et le zèle nécessaires pour remplir, non les fonctions réservées à la hiérarchie ecclésiastique, mais les fonctions sociales qui sauveront la société » (1).

Les prévisions de l'illustre Évêque se sont réalisées : nous pouvons, compter aujourd'hui une légion de catholiques simples fidèles qui s'honorent en consolant l'Église par leur zèle infatigable à défendre l'ordre social basé sur la religion.

(1) Citation extraite du « *Dimanche Catholique.* »

Parmi ces catholiques vaillants que la Providence a suscités pour subvenir aux besoins de notre époque, il en est peu qui aient apporté, dans l'accomplissement de leur mission, plus d'activité et de devoûment que M Louis de Cissey. L'œuvre à laquelle son nom reste attaché est de la plus haute importance : Tous les principes de l'ordre social, en effet, sont liés à l'observation du troisième précepte du Décalogue, à tel point que la prospérité ou la décadence d'un peuple dépend de son respect pour le Dimanche.

Pendant seize ans, M. de Cissey se dévoua de toutes ses forces à la propagation de cette œuvre de salut. La Providence conduisit de proche en proche, et à son insu, le fervent chrétien à cet apostolat extraordinaire; car le trait distinctif que nous avons admiré dans la vie de M. de Cissey, c'est l'unité, l'harmonie, un développement progressif qui le rendait apte, dans un moment donné, à remplir une tâche nouvelle : pas d'intermittences dans les pratiques de piété, pas de variations ni de contradictions choquantes dans sa conduite.

L'ancien ami d'Auguste Marceau se distingua dès sa jeunesse, par la vivacité de sa foi, l'ardeur de sa piété et une disposition particulière à répondre à l'appel de Dieu. Les œuvres qu'il a accomplies, il ne les a pas recherchées ni choisies, il les a acceptées. Et il s'y trouvait préparé.

A la parole du R. P. Souaillard, il a établi les conférences de saint Vincent de Paul dans le diocèse d'Autun ; sur le conseil du R. P. Eymard, il fit un long pèlerinage, dont il ressentit toute sa vie l'heureuse influence ; pour se conformer au vœu d'un saint prêtre, il se fait le propagateur le plus actif de l'Œuvre Dominicale et, sur les conseils d'un illustre prélat, il en garde jusqu'à la mort la direction.

La Providence a voulu que nous fussions bien placé pour être témoin de la vie de ce grand chrétien ; c'est pourquoi nous avons cru faire une bonne œuvre en esquissant sa physionomie ; car c'est faire une bonne œuvre, une œuvre d'édification que de montrer réunies dans un catholique simple fidèle de notre temps, une foi vive et courageuse, une piété ardente et un zèle infatigable pour les intérêts de l'Église.

Pour animer notre récit et pour représenter avec une précision plus fidèle la physionomie de M. Louis de Cissey, nous l'avons laissé souvent nous révéler lui-même, dans ses lettres et ses différents écrits, les nuances de son caractère, les sentiments de son cœur et le genre de son talent.

Nous dédions particulièrement ce livre, en réclamant leur indulgence, aux auxiliaires de M. de Cissey, aux zélateurs et aux zélatrices de l'Œuvre Dominicale. Puisse-t-il, avec leur bienveillant concours, se propager, se faire lire et soutenir quelque devoûment.

Quelques amis de M. de Cissey ont bien voulu nous communiquer des lettres particulières ou nous transmettre des renseignements ; nous les prions d'agréer ici l'expression de notre reconnaissance.

VIE

DE M. LOUIS DE CISSEY

CHAPITRE PREMIER.

Naissance de Louis de Cissey. — Sa famille. — Sa jeunesse.

Louis-Joseph-Gustave Courtot de Cissey naquit à Beaune, le 27 février 1817, et, suivant un très louable usage, fut présenté le même jour à l'Église Notre-Dame de cette ville pour recevoir le Baptême. Ces soins empressés nous annoncent l'esprit de sa famille. Il eut pour parrain son oncle, M. Louis Routy de Charodon, et pour marraine son aïeule, Catherine Seguin de Broin, veuve de Joseph-Charles Courtot de Cissey, ancien capitaine d'infanterie.

L'enfant trouva autour de son berceau des traditions déjà illustres de foi et de dévoûment, qui préparèrent son avenir. Son père, Joseph-Jean Courtot de Cissey, appartenait à cette ancienne noblesse qui reste attachée à sa province et se distingue par le prestige des meilleurs exemples : dévoué pour ses fermiers, dont il ne craignait pas de partager les travaux, très bienveillant pour tous, laissant dans les cœurs une impression qui ramenait vers lui, le chatelain de Cissey vécut entouré de toute affection et de tout respect. D'ailleurs ces traditions de charité et de haute considération étaient depuis longtemps passées en héritage dans la noble famille.

Mais la vertu dominante qui la caractérisait, c'était un attachement profond à l'Église et à ses institutions, un vif esprit de foi qui faisait dépendre la prospérité et l'honneur de la maison de son dévoûment à l'Église. Aussi nous trouvons dans les annales de cette famille de nombreuses et riches fondations dont elle a doté des églises, des chapelles, des couvents et des hôpitaux. Une des plus remarquables de ces bonnes œuvres fut faite au XVe siècle en faveur de l'Église Saint-Jean de Dijon : le pieux fondateur, en apportant sa riche offrande, demanda à Dieu, en retour, la conservation de la foi chez ses descendants. Sa postérité, certes, a toujours fait honneur à cette généreuse intention. Il est permis de dire, pourtant, que l'Apôtre infatigable de l'Œuvre Dominicale, en France, a particulièrement accompli le vœu de son pieux ancêtre.

Pour apprécier les traditions de sa famille, M. de Cissey trouvait encore près de lui des exemples d'un rare dévoûment. Voici un trait qu'il rapportait lui-même avec une religieuse émotion. Son aïeule, Catherine Séguin de Broin, avait été élevée dans le Couvent de la Visitation de Dijon, où sa fervente piété lui avait mérité la prédilection de ses maîtresses. Or, il y avait dans la chapelle de cette maison une belle statue de la Sainte Vierge, œuvre du célèbre Dubois. Mais sa beauté artistique, qui est incontestable, faisait sa moindre valeur aux yeux de la pieuse communauté ; car elle rattachait à cette œuvre d'art les souvenirs les plus édifiants : les prières faites devant la vénérable image avaient souvent obtenu, disait-on dans le Couvent, des grâces extraordinaires. Et les religieuses la regardaient comme leur trésor le plus précieux.

Quand parurent les décrets de la Révolution ordonnant la dispersion des communautés religieuses, à la veille des plus mauvais jours, le premier soin des Filles de Sainte Chantal, avant de se séparer, fut de trouver l'asile le plus sûr pour la Statue Miraculeuse ; et leur pensée se porta vers leur ancienne pensionnaire. Celle-ci, en entrant dans la famille de Cissey, n'avait pas interrompu ses rapports de pieuse affection avec les Visitandines ; la vénérable Supérieure écrivit donc à la jeune dame : « Sauvez notre Statue, nous vous la donnons, à condition que vous la garderez. » M. Joseph-Charles de Cissey, gentilhomme plein de foi et d'énergie, résolut aussitôt de donner un abri à la Sainte image,

Il partit pour Dijon, déguisé en voiturier et conduisant un char de paille ; son fils âgé de douze ans, qui l'accompagnait, avait revêtu le costume de valet de ferme. Ils firent ainsi les cinquante kilomètres qui séparent le château de Cissey de la capitale de la Bourgogne. La Statue fut mise soigneusement sous la paille, au fond du char ; le jeune homme, monté au faîte, se plaça sur le chargement, et l'attelage prit la direction de Beaune par un autre chemin.

Bientôt, dans un village des environs de la ville, les voyageurs furent arrêtés comme suspects. A cette époque, tout était suspect sur la terre de France, mais rien ne l'était plus que la religion ; elle était proscrite sous toutes les apparences au nom de la liberté. Des gardes nationaux, après avoir longuement interrogé le « voiturier, » fouillèrent de côté et d'autre, avec leurs baïonnettes, le char de paille ; l'enfant placé sur la voiture garda un imperturbable sang-froid, son père fit bonne contenance et la Providence permit que le pieux trésor ne fut point découvert ; enfin, les voyageurs, chez qui on ne trouva aucun indice compromettant, furent laissés en liberté. Fortifiés par la pensée que la protection de Dieu planait sur la vénérable image, ils achevèrent sans crainte et sans autre incident leur périlleux voyage.

La Statue, déposée d'abord dans un lieu caché du

château, fut placée plus tard dans la chapelle, dont elle fait encore le plus bel ornement. La Mère de Dieu est représentée debout, dans une attitude pleine de dignité ; mais elle paraît appeler toute l'attention sur son divin Fils, qu'elle porte dans ses bras : le Saint Enfant tient à la main et montre avec une expression touchante de candeur et d'amour un cœur enflammé.

Heureuses les familles qui peuvent compter parmi leurs ancêtres des bienfaiteurs de l'Église et de ses institutions ! Heureux les enfants qui avancent dans la vie, guidés par le souvenir des pieux et éclatants exemples de leurs pères !

Sa mère, Louise-Joséphine Routy de Charodon, dont le père était maire de Beaune, a laissé le souvenir d'une personne aimable, modeste et douée de vertus solides; c'était une de ces femmes fortes que la religion a formées et soutient. Louis de Cissey n'eut pas le bonheur de profiter longtemps des soins de cette mère chrétienne; il ne la connut pas, elle mourut en mettant au monde son deuxième enfant, Louise-Marie. Le jeune de Cissey, qui avait un caractère affectueux, exprima souvent à ses camarades d'enfance son regret de n'avoir point connu sa tendre et vertueuse mère. Parfois il trouva même près de lui des occasions qui excitaient ses vifs regrets et un réel besoin d'affection maternelle. En effet, un de ses précepteurs n'apporta pas toujours, dans ses fonctions, le tact, l'urbanité et le respect, que recommandent les maîtres de l'éducation; il ne cherchait pas le chemin du cœur. L'enfant était rudoyé, la délicatesse de ses sentiments en souffrait.

Ces débuts de la vie furent laborieux et coûtèrent bien des larmes : nous avons trouvé dans ses notes un écho des luttes intérieures et des peines du jeune élève. C'est un sujet de graves réflexions pour les instituteurs de la jeunesse.

Toutefois la divine Providence est toujours aimable. Dans toutes les épreuves, elle ménage quelque compensation ; elle arrive à la fin qu'elle s'est proposée par des moyens secrets, souvent par des voies tout opposées à nos faibles lumières. Privé de la tendresse et des soins maternels, à un âge où il eut commencé à les comprendre, l'enfant se forma à des habitudes d'initiative généreuse, de vigueur de volonté et de travail assidu. Nous verrons qu'il les conserva toute sa vie.

Il résulta de cette éducation singulièrement virile, un développement précoce de l'esprit et du caractère du jeune Louis, qui fit quelque illusion à son père. Celui-ci, en effet, croyant son fils capable de suivre les cours d'une grande pension, voulut l'envoyer, à l'âge de sept ans, au collège des RR. PP. Jésuites, à Dôle. C'était une erreur. Dans un âge aussi tendre, l'enfant ne put supporter la discipline ni les privations inévitables de la vie commune ; bientôt il fallut, sur le conseil des maîtres, le ramener dans la famille. Vers le même temps, son père resté veuf à l'âge de trente-sept ans, avec une grande maison à gouverner, épousa en secondes noces Mlle Adèle Suremain de Missery. Dieu bénit cette union, il en naquit un fils, qui fut nommé Joseph-Louis. Cependant le jeune de Cissey ne partagea pas longtemps les douceurs et les joies du foyer paternel : nous le voyons à douze ans au petit Séminaire d'Autun, où il eut le bonheur de faire sa première communion ; de là il entra au petit Séminaire de Plombières-les-Dijon.

Pourquoi ce changement dans le court espace de deux ou trois ans ? Il se rattache à un fait qui apparait, dans le diocèse de Dijon, avec les proportions d'un événement. En 1830, Mgr Raillon, évêque de Dijon, nomma supérieur de son petit Séminaire M. l'abbé Sylvestre Foisset, frère du célèbre écrivain catholique. M. l'abbé Foisset, intelligence vraiment supérieure et très cultivée, joignait à un ardent amour de l'étude un rare talent d'administration : affable et bienveillant sans familiarité, sévère avec discrétion, actif et vigilant, entièrement dévoué au progrès moral et intellectuel de la jeunesse, il possédait le secret de tenir toujours en éveil l'esprit de ses élèves, de leur inspirer une profonde confiance en sa direction et une sorte d'enthousiasme pour les grands modèles de la littérature. Un puissant esprit de foi animait la discipline de la maison et réglait le mouvement des idées. M. Foisset avait associé à sa mission les collaborateurs les plus capables de le seconder.

Sous l'habile direction du nouveau Supérieur, Plombières atteignit un si haut degré de prospérité, que les maîtres les plus illustres de l'enseignement, tels que MM. les abbés de Salinis et de Scorbiac, venaient s'enquérir avec admiration du plan des études, observer la direction des maîtres, faire subir des examens aux élèves, en un mot, prendre modèle pour les maisons qui leur étaient confiées. Le succès était magnifique.

Alors la liberté de l'enseignement n'existait pas. L'Église, qui avait encore tant de ruines à relever, apportait d'abord tous ses soins à réorganiser ses écoles. Le progrès était laborieux, car les pouvoirs publics, surveillant d'un regard peut-être défiant cette renaissance des œuvres catholiques, leur mesuraient avec parcimonie la liberté et les ressources nécessaires.

Aussi l'état très florissant du petit Séminaire de Plombières fixa l'attention des familles chrétiennes. Mais la famille de Cissey, entre toutes, apprit avec une joie d'autant plus vive les succès du nouveau Supérieur, qu'elle entretenait depuis longtemps des relations d'étroite amitié avec la famille Foisset. Le voisinage des deux châteaux favorisait ces heureux et fréquents rapports ; le ciel les avait même consacrés : M. Joseph-Jean de Cissey avait été le parrain de M. Théophile Foisset. Amirable rapprochement ménagé par la Providence! Le père du zélé défenseur de la loi Dominicale fut le témoin devant Dieu et devant l'Église du futur apologiste de la foi.

Quand M. l'abbé Foisset fut nommé Supérieur du petit Séminaire de Plombières, la place de Louis de Cissey se trouva, selon toutes les convenances, indiquée dans cette maison. L'enfant s'y distingua par une fervente piété et une grande ardeur à l'étude, qui lui méritèrent d'incontestables succès, surtout dans les exercices littéraires. Néanmoins Louis n'aimait pas à triompher : c'était un jeune homme d'une grande distinction, nous disent ses contemporains de Plombières, mais aimable, modeste et enjoué. Dans ses rapports avec ses condisciples, il était plein de cordialité et d'entrain, et il apportait au jeu toute l'ardeur qu'il avait pour l'étude. Toutefois, au milieu des plus joyeux ébats, on ne remarquait en lui rien d'inconvenant ni dans la tenue ni dans la conversation ; il restait toujours digne et correct. Cet ensemble d'éminentes qualités lui avait attiré de vives sympathies et même l'admiration de ses condisciples. « Louis de Cissey, nous écrit l'un deux, sera toujours pour moi un des jeunes hommes les mieux doués qu'il m'aura été donné de rencontrer sur le chemin de ma vie. »

Chose remarquable, M. de Cissey resta toujours fidèle aux amitiés vertueuses qu'il avait contractées dans sa jeunesse. Il aimait souvent à évoquer le souvenir de ses amis de la première heure ; pour lui ce retour vers le passé n'avait rien des impressions fugitives et des formules banales de la politesse : il visitait ses anciens amis, les invitait cordialement à venir dans son château, où il les recevait avec honneur, les charmait par sa bonne grâce, les agréments toujours nouveaux de sa conversation et une fraîcheur de sentiments que les années n'altéraient point. Nous pourrions nommer des hommes considérables dans le monde, et des prêtres éminents, qui gardèrent jusqu'à la fin avec leur ancien élève ou condisciple les relations les plus amicales.

Louis de Cissey espérait bien terminer ses études secondaires dans cette maison que l'estime de ses maîtres et les sympathies de ses condisciples lui rendaient si agréable, lorsque, sous nous ne savons quelle influence, Mgr Rey, successeur de Mgr Raillon, changea la direction de son petit Séminaire. Le Supérieur et la plupart des professeurs furent rappelés et laissés sans fonction. Alors M. l'abbé Foisset et quatre de ses collaborateurs entrèrent au célèbre collège de Juilly, où ils emmenèrent quelques-uns de leurs meilleurs élèves. Au nombre de ces sujets d'élite se trouvait Louis de Cissey. Il avait voulu poursuivre le cours de ses études sous la tutelle de l'éminent Supérieur; cette tutelle, il est vrai, était tempérée par une ancienne amitié. Qui peut empêcher ou rompre les liens d'affinité, l'attraction des âmes ?

Dans cette nouvelle maison, il accentua encore avec son ardeur au travail ses progrès littéraires : Nous le trouvons souvent au rang des vainqueurs. A dix-huit ans, il avait terminé, aux applaudissements de tous, par un brillant examen, ses études de collège.

Le jeune lauréat suivit ensuite le cours de la faculté de Droit de Dijon. Aidé par les aptitudes très variées d'une riche nature, il n'obtint pas moins de succès en matière de Jurisprudence que dans les études littéraires, car il y avait en lui un rare équilibre de facultés : une imagination féconde et brillante, un jugement droit, un esprit lucide et prompt à découvrir le point essentiel d'une affaire. Sa piété solide ajoutait à ces précieux dons naturels une grande délicatesse de conscience qui le tenait instinctivement en garde contre toute opinion exagérée.

Son cours de droit terminé, il passa une année dans sa famille. Le moment était venu pour lui de réfléchir sur le choix d'une carrière. Sans avoir eu d'intention bien arrêtée, il avait montré quelque inclination pour la magistrature; mais fidèle à la belle devise de sa famille : *Quo Deus volet,* (1) il attendait au fond que la divine Providence, manifestant sa volonté par le concours des diverses circonstances de la vie, l'appelât à sa vraie place. Ceux qui l'ont connu à cette époque nous le représentent comme un jeune homme à la taille droite et élevée, à la figure très agréable, rayonnante de bonté et d'esprit; il était plein d'aisance et de vigueur dans ses allures, faisant volontiers d'un pas allègre une marche de plusieurs lieues à travers les bois et les collines. Toutefois les exercices violents ne paraissaient pas lui plaire. Une anecdote qui nous a été rapportée à ce sujet nous permet de saisir sur le fait sa physionomie. Voici le trait dans sa simplicité:

Un jour qu'il assistait à une chasse nombreuse et très mouvementée, il reçut l'ordre de garder un poste important. On connaît le vif intérêt qu'excitent pour les amateurs des exploits cynégétiques les péripéties d'une grande chasse. Après de longues et vaines poursuites, les chasseurs revinrent enfin vers M. Louis, pour s'informer s'il avait fait bonne garde. Quel ne fut pas leur étonnement, quand ils le trouvèrent assis, le fusil à ses pieds, et dans les mains un livre qui occupait toute son attention ! Il n'avait rien vu, rien observé. Le bon jeune homme avait cédé à son attrait le plus puissant.

(1) J'irai où Dieu voudra.

Il était avide de connaissances, et il étudiait sans cesse ; mais il faisait ses lectures avec discernement, ayant soin de noter les traits les plus marquants, de résumer quelques pages et de s'exercer ensuite à la composition. Il terminait rarement une journée, sans avoir fixé sur un cahier ses pensées et ses souvenirs. Cependant M. de Cissey, pour satisfaire l'activité intellectuelle de son fils et déterminer sa vocation, lui conseilla de faire, à Paris, un stage d'avocat. Comme il fallait obéir, acquérir des connaissances et faire de nouveaux efforts, Louis suivit avec joie le conseil de son père.

Dès qu'il fut dans la capitale, il entra en relations avec la haute société. Sa naissance, son grand air, sa parole aimable, pleine d'à-propos, et son excellente réputation lui préparaient un accueil empressé dans les salons du grand monde ; il y était toujours à sa place. Mais, pour un jeune homme aussi bien doué que Louis de Cissey, cette vie nouvelle n'était pas sans écueils. Il jeta un regard de complaisance sur le côté trop mondain de la société. La fortune, avec son apparente grandeur, son éclat séduisant et ses plaisirs, fascinèrent un moment sa brillante imagination. Toutefois il n'abandonna point les devoirs essentiels de la religion, il respecta son excellente renommée de chrétien, et si son cœur fut un instant troublé, il ne fut point flétri. Les agitations du doute, qui faisaient alors tant de victimes, n'effleurèrent jamais son âme. C'est la religion qu'il garda toujours pour règle de ses jugements, de sa conduite et de ses relations sociales. C'est elle qui, avant tout, possédait son cœur. Toute prétendue science que la religion n'avait point consacrée de son autorité ou éclairée de ses reflets, n'avait pour lui aucun charme.

Un jour, il assistait à une conférence d'avocats. L'un des orateurs attaquant tout l'ordre surnaturel, le dogme de la Création et même l'existence de Dieu, prétendait prouver que le monde est le produit des énergies aveugles de la nature, qu'il peut s'expliquer et subsister sans aucune intervention divine ; il apporta, pour soutenir cette doctrine, aussi absurde que désolante, de vieux sophismes parés de nouvelles couleurs et une facilité d'élocution qui pouvaient surprendre un esprit superficiel. Mais tous ces artifices oratoires s'évanouirent devant la vigoureuse argumentation de l'avocat chargé de la défense de la vérité. Louis de Cissey fut ravi d'avoir entendu cette réponse péremptoire, il s'empressa de la résumer ; voici les notes qu'il rédigea de mémoire :

« Me Br., écrivait-il, a répondu au nom de la Religion avec une verve, une érudition et une force que je n'oublierai jamais. « Vous nous accusez d'être « crédules, dit-il, d'avoir la foi ; mais, pour vous, « hommes de Cabanis, l'énergie a fait la matière

« première ;... comment? on n'en sait rien !... et
« vous nous accusez d'être crédules ! Mais, vous,
« qu'êtes-vous donc?... Pour nous,... adhésion rai-
« sonnée et libre à la vérité... sans religion plus de
« vertu possible : — L'intérêt bien entendu com-
« mande le crime, l'assassinat, la spoliation, s'il
« n'existe pas un régulateur suprême... si l'im-
« punité est assurée après cette vie... qui pourrait
« en effet retenir le bras de l'assassin? La cons-
« cience? mais vous n'en avez pas et ne pouvez en
« avoir ; car elle ne serait que la mesure de votre
« intérêt... la sensation physique, la mesure de vos
« joies et de vos douleurs. — Du pouvoir spirituel
« du prêtre est né le pouvoir civil... Nier la reli-
« gion, c'est nier Dieu, car le conçoit-on sans rela-
« tions avec l'homme?... Si le Créateur abandon-
« nait sans secours l'homme à lui-même, à sa
« faiblesse, à ses passions, il serait sans miséricorde
« et sans justice... et un Dieu, pour être parfait, pour
« être le régulateur suprême, doit être miséricordieux
« et juste... Oui, le monde sans Dieu est un chaos,
« sur lequel flottent confusément les hommes et les
« choses. Dès que l'humanité se sépare de la religion,
« c'est le crime... la folie... l'anarchie. »

Rien n'est plus juste que ce résumé du laborieux stagiaire, et les utopistes incrédules d'un autre temps y trouveraient le sujet des plus salutaires réflexions. Mais, le jeune homme qui applaudissait à cette démonstration magistrale avait assurément le cœur droit, généreux, l'intelligence ouverte aux plus hautes et aux plus consolantes vérités. M. Louis de Cissey vénérait et aimait en toutes choses la vérité ; c'était un des traits distinctifs de son caractère. Dès qu'il apercevait la vérité sur lui-même, sur ses devoirs ou sur la société, aucune considération particulière ne l'empêchait de lui donner une prompte et pleine adhésion. Aussi un de ses anciens et des plus estimés maitres de Plombières et de Juilly, qui demeurait alors à Paris, faisait toujours avec succès auprès du stagiaire les fonctions de mentor. Le brillant gentilhomme le consultait humblement, l'écoutait avec docilité et, le soir venu, prenait fidèlement note de tous les conseils qu'il avait entendus, sans omettre aucun avis qui pût révéler quelques défauts personnels ; ensuite il ajoutait avec candeur: « Tout cela est juste, équitable, salutaire. »

Sa piété filiale associait encore, pour l'affermir, à ce vif sentiment du devoir le souvenir de ses excellents parents, *qui ne cherchaient*, disait-il, *que son bonheur*. Il parlait avec une affectueuse reconnaissance de leur dévoûment ; il gémissait à la seule pensée de les attrister ; réglait ses projets d'avenir et même ses désirs sur leurs intentions. Dès qu'il prévoyait qu'une démarche ou un dessein ne serait pas agréable à son père, il y renonçait aussitôt.

Toutefois, nous ne craignons pas de le dire, il trouva la sauvegarde la plus efficace contre les dangers qui entouraient sa jeunesse dans l'assiduité au travail. Il fortifiait par la science sa foi et sa vertu, et sa vertu doublait son ardeur au travail. « Je donne « à l'étude, écrivait-il, toutes mes journées, depuis « six heures du matin jusqu'au soir. Je suis tout « heureux de revivre ainsi. Mon règlement est fait ; « s'il plaît à Dieu, je le tiendrai. » Il modifia dans la suite ce règlement, il est vrai, mais en commençant ses labeurs à une heure plus matinale; car l'amour du travail fut, avec le désir de se dévouer, la plus grande passion de toute sa vie.

Telles étaient la trempe de caractère et les dispositions de Louis de Cissey, quand il termina son stage. Il avait vingt-quatre ans. Alors il fallait décidément choisir une carrière. Des amis clairvoyants, qui connaissaient son ardeur pour le bien, lui conseillèrent de renoncer à la magistrature, et de profiter de la position indépendante que lui offrait son honorable famille. Le conseil était sage. Louis de Cissey eut apporté sans doute, dans les plus hautes fonctions de la magistrature, la probité et l'impartialité du juge le plus consciencieux, les lumières d'une science éprouvée et le plus ferme dévoûment à la défense de l'ordre social. Il était de ces hommes qui occupent toujours leur place. Mais il n'eut pas trouvé sur le siège du magistrat la liberté d'action nécessaire à ses aptitudes, l'indépendance qui convenait à la spontanéité généreuse de son caractère et à son esprit de zèle. Il le comprit et, accueillant le conseil de ses amis, comme un avertissement du ciel, il vint se fixer pour toujours dans le château de ses pères, avec l'intention de soutenir leur honneur par des œuvres qui répondissent à leur réputation.

« C'est un beau jour que celui où parvenu à mi-« chemin de la vie, dit le P. Lacordaire (1), tout « voile levé, toutes incertitudes dissipées, le front « serein et le cœur à l'aise, l'homme a le secret de « Dieu sur lui et asseoit sa tente où il achèvera de « vivre. » Jusqu'à ce moment M. de Cissey avait eu l'imagination un peu inquiète ; ses brillants succès dans les études et dans le monde semblaient lui ouvrir des perspectives indéfinies, et il se berçait parfois dans des projets fantaisistes, dans des rêveries peut-être, que troublaient naturellement les réalités de la vie quotidienne. Aussi son caractère aimable et cordial avait à résister à des accès de mélancolie. Toutefois ce n'était point de l'amertume. Mais en acquiesçant à la volonté de Dieu, il recueillit les fruits de sa constante piété, car il trouva dans la

(1) Ozanam.

place qui lui était destinée par la Divine Providence le contentement du cœur avec la tranquilité d'esprit.

Il voulut bientôt augmenter son bonheur en le partageant.

CHAPITRE II.

Mariage de M. Louis de Cissey. — Sa vie chrétienne. — Ses œuvres de charité et de zèle. — Conférences de saint Vincent de Paul. — Liberté de l'enseignement. — Rapports avec M. le comte de Montalembert. — Société d'histoire et d'archéologie.

Il y avait à Chalon-sur-Saône une noble et ancienne famille de magistrats, dont la tradition était de transmettre intact à ses descendants le triple héritage de l'honneur, de la vertu et de la religion. Depuis des siècles les magistrats issus de cette maison honoraient les fonctions qu'ils remplissaient. C'était la famille Bodin de Veydel. Elle connaissait la famille de Cissey. Aux plus mauvais jours de la Révolution, elle avait courageusement offert à l'aïeul de M. Louis de Cissey et à tous les siens un asile dans une de ses terres, où la persécution paraissait sévir avec moins de fureur. Cette généreuse hospitalité, en mettant à l'épreuve les vertus des deux familles, avait fortifié leurs liens de sympathie et de mutuelle considération. M. Louis de Cissey choisit dans cette vertueuse maison celle qui devait être la compagne de toute sa vie. En fils soumis il consulta son père, ensuite il demanda et obtint la main de Melle Jeanne de Veydel, fille de l'éminent Juge du tribunal de Chalon-sur-Saône. Le mariage fut célébré avec grande solennité le 15 Juin 1842, dans l'église Saint-Vincent de

Chalon. M. de Cissey céda la terre de Cissey à son fils, et celui-ci demeura tour à tour dans sa nouvelle famille et dans le château paternel.

Dès les premiers jours de son mariage, il voulut marcher constamment en la présence de Dieu, rendre son nouvel état plus heureux en le rendant plus saint. Pour donner à cette résolution la plus sûre efficacité, les jeunes époux prirent l'engagement mutuel de faire, l'un et l'autre, la sainte communion tous les mois, avec l'intention d'obtenir tour à tour, la première fois, la grâce de bien vivre et, le mois suivant, la grâce de bien mourir. Ainsi M. Louis de Cissey sut concilier une profonde affection pour celle qu'il avait choisie avec une fidélité inviolable pour Dieu; et leur société devenait d'autant plus complète, qu'ils vivaient eux-mêmes en société plus étroite avec Dieu. Un tel engagement ne nous présente-t-il pas un modèle du mariage chrétien? Il était en parfaite harmonie avec l'éducation et les habitudes pieuses de Mme de Cissey, dont la famille se rattachait par les liens du sang à la bienheureuse Marie de l'Incarnation, ce modèle des femmes et des mères chrétiennes. Mais ce fut un spectacle nouveau pour les bons habitants de Chalon que de voir un jeune homme de vingt-cinq ans, appartenant à la haute société et favorisé de tous les dons que le monde admire, affirmer sa foi par les manifestations d'une piété sincère, fréquenter sans aucun souci de l'opinion publique les églises et les sacrements.

Vers ce temps, les hommes de toutes les classes de la société subissaient, plus qu'à toute autre époque peut-être, l'empire tyrannique du respect humain. Par une honteuse connivence on craignait de paraître dans une église, d'affirmer ses convictions religieuses, de parler publiquement de Dieu et des choses de la religion ; les sacrements n'étaient pas fréquentés même par les femmes ; un petit nombre de fidèles, se refusant à fléchir le genou devant l'idole du jour, se bornaient à accomplir les devoirs essentiels de la vie chrétienne. Le souvenir des scandales si pernicieux de la révolution, l'esprit voltairien et un reste encore vivace du Jansénisme conspiraient ensemble à éloigner les hommes de toute pratique religieuse.

Mais quand la foi s'éclipse dans les âmes et que la voix de l'Église n'est plus écoutée, les catholiques fervents apportent au ministère du prêtre un précieux concours. Leurs exemples font honorer la piété, soutiennent les courages qui chancellent, réjouissent les bons, font rougir le vice et excitent les indifférents. Lorsqu'ils joignent au prestige de leurs vertus particulières les œuvres de charité et de zèle, ils accomplissent à côté de la mission du prêtre une autre mission d'une très grande utilité : ils préparent les voies au clergé, applanissent les obstacles à son ministère ; ils tiennent les fidèles plus rapprochés du prêtre et le prêtre moins éloigné du peuple.

Les bons exemples de M. Louis de Cissey furent les prémices de son apostolat. Bientôt sa piété se manifesta encore par des œuvres de charité et de zèle. En effet, peut-on aimer Dieu sans s'intéresser à sa gloire et à celle de son Église ? Peut-on aimer Notre-Seigneur Jésus-Christ sans tendre à ses frères malheureux une main secourable, sans leur donner un conseil salutaire et s'imposer en leur faveur quelque sacrifice ? Non, les œuvres de charité et de zèle sont l'épanouissement naturel de l'amour de Dieu ; et M. de Cissey, en persévérant avec ferveur dans ses pratiques religieuses, fit, à la première occasion, l'heureuse expérience de cette filiation des vertus.

A cette époque, un jeune vicaire de l'église cathédrale Saint-Vincent de Chalon, M. l'abbé Souaillard, qui entra plus tard dans l'ordre de Saint-Dominique, préludait par son esprit d'initiative, son intelligence et sa parole persuasive à la juste célébrité que devaient lui acquérir dans les plus grandes chaires ses succès oratoires (1). Comprenant les besoins de son temps, il forma l'heureux dessein d'éta-

(1) Notice historique sur les œuvres de Charité catholique à Chalon-sur-Saône au XIX° siècle par l'abbé C.-F. Bugniot, chanoine honoraire d'Autun.

blir à Chalon les conférences de saint Vincent de Paul, et il fit part de son intention à M. Louis de Cissey. Le fervent chrétien accueillit ce projet avec un véritable empressement, il encouragea le zèle de M. l'abbé Souaillard et lui promit tout son concours. En quelques visites, il trouvèrent quinze adhérents. C'était beaucoup avec la foi et le dévoûment des deux promoteurs. Aussitôt les nouveaux disciples de saint Vincent voulurent entrer en fonction. Et dans leur première réunion ils choisirent pour président M. Louis de Cissey, bien qu'il fut le plus jeune.

Ce choix était très heureux : M. de Cissey avait une merveilleuse aptitude pour organiser, soutenir et diriger une association. Son esprit prompt et lucide lui permettait de saisir avec justesse le programme d'une œuvre dans l'ensemble, le but et les détails; il l'exposait en termes clairs et précis. Actif, vigilant et dispos, il apportait l'élan et l'entrain dans l'action.

On conçoit bien que, dirigée par un tel président, la « petite » Société, pour nous servir d'une expression de M. de Cissey, ne tarda guère de se mettre à l'œuvre. Alors la ville de Chalon vit, avec une admiration mêlée d'attendrissement, des hommes d'une situation heureuse et élevée dans le monde fréquenter les rues les plus pauvres, monter les étages, pénétrer dans les plus humbles réduits où se cache la misère, s'informer soigneusement, comme d'une affaire très importante, du logis le plus délaissé, apporter à ses habitants des secours avec de sages conseils, les consolations vivifiantes de la foi et l'expression cordiale du désir de les soulager.

En regardant les œuvres de ces vrais serviteurs du peuple, on aima la charité avec plus d'ardeur ; en l'aimant on voulut les imiter. Après quelques mois d'existence la Société compta cinquante membres, puis ce nombre s'éleva à quatre-vingts, enfin il dépassa le chiffre de cent, si bien qu'il fallut, vers 1852, dédoubler la conférence. Les autres villes du diocèse suivirent le bon exemple de Chalon, et M. de Cissey fut nommé président général des conférences du département.

L'Œuvre avait grandi sans doute sous la main de Dieu qui la bénissait ; mais le président savait propager par ses exemples et ses éloquentes allocutions le feu de la charité dans le cœur des catholiques. « C'est la religion, disait-il dans une des premières « réunions, c'est la religion qui a inspiré l'œuvre de « notre petite conférence ; c'est elle qui aujourd'hui, « comme à toutes les époques de son admirable « histoire, est prête à offrir les consolations de ses « vivifiantes doctrines à toutes les intelligences, « comme à verser le baume de sa charité sur toutes « les douleurs. Oui, Messieurs, depuis le berceau de « notre société jusqu'au jour où nous vivons, la re- « ligion a toujours veillé sur elle, comme sur cha-

« cun de nous veille l'Ange gardien, dont elle nous « a révélé la consolante existence... Jésus-Christ a « dit : « Il y aura toujours des pauvres parmi « vous. » La pauvreté ne peut être détruite, mais « elle doit être soulagée. Aussi la religion a voulu « enrôler les *riches sous sa glorieuse bannière* : elle « les envoie, comme autant de Vincents de Paul, sou- « lager eux-mêmes les misères de l'indigent. Elle « nous invite à joindre à l'aumône matérielle une « autre aumône plus charitable encore, puisqu'elle « découle plus immédiatement du cœur, celle des « bons conseils, qui souvent ramènent l'aisance dans « les familles en y ramenant l'ordre et l'économie ; « celle d'une parole amie, qui fait tant de bien à « l'homme malheureux, celle surtout des communi- « cations de la foi et de la morale chrétienne, dont « la pratique peut seule aider à supporter la pauvreté, « comme seule elle peut ennoblir la fortune. C'est « là une belle et sainte mission, c'est la nôtre, « Messieurs, soyons en dignes. »

Dans ces paroles, M. de Cissey indiquait avec netteté la mission du nouvel apôtre de la charité. Celui-ci, en effet, sachant que l'homme ne vit pas seulement de pain, se présente au nom de la Religion, au nom du Sauveur, à son frère malheureux, pour lui parler de Dieu, de Notre-Seigneur Jésus-Christ, du ciel ; il lui porte sans doute des aliments, des remèdes, quelques pièces d'argent ; mais, dans son intention, les secours sont subordonnés à une fin plus noble, plus élevée que les satisfactions de la vie présente ; il veut insinuer, par les œuvres de charité, des convictions religieuses dans le cœur du pauvre, il cherche à lui faire acquérir le trésor des vertus chrétiennes; selon la belle expression de M. Ozanam, il met la foi sous la protection de la charité.

Alors le malheureux apprend à aimer cette divine Religion qui se fait, en la personne de l'apôtre de la charité, l'œil de l'aveugle, le bras de l'infirme et la ressource de l'indigent.

Le digne président accentuait souvent en ce sens ses recommandations à la société. « Pour nous, dit-il « dans une occasion très opportune, ouvriers attar- « dés, qui ne sommes venus qu'à la dernière heure « dans le vigne du père de famille, nous redouble- « rons d'efforts pour subvenir, autant qu'il est en « notre pouvoir, aux besoins du pauvre, qui vont « être si nombreux cet hiver ; nous nous efforce- « rons de joindre à l'aumône matérielle l'aumône « d'un cœur chrétien qui soulage et console. Voyez « combien est différent le sort du pauvre qui a la « foi, qui se résigne dans sa position, de celui du « malheureux qui aggrave encore l'amertume de « son cœur en murmurant contre les desseins ca- « chés de la Providence. Tâchons aussi de profiter, « pour notre avancement spirituel, de la vue des

« souffrances et des misères du pauvre; quand « nous ne retirerions que ce fruit de la visite des « familles indigentes, ce serait déjà un résultat très « avantageux pour nous. »

En adressant à ses confrères un avis discret sur leur avancement spirituel, le zélé président songeait sans doute à ces paroles de l'Évangile : *L'homme de bien tire du trésor de son bon cœur de bonnes choses* (1). Tant que le confrère gardera au cœur l'énergie de la vie chrétienne, l'association conservera son caractère surnaturel et sa puissance victorieuse. Mais les visites fréquentes aux déshérités de ce monde, la vue de leurs souffrances et de leur dénûment, ne peuvent en effet que rendre meilleurs les heureux de la terre, en leur inspirant de graves réflexions sur la fragilité des biens de cette vie, et la bonté de ces amis des pauvres se manifestera à son tour par l'épanouissement d'une charité plus active.

Pourtant, il faut le craindre, les visites deviendront un jour fastidieuses, les sacrifices onéreux et les cœurs moins sensibles aux souffrances de l'indigent, si les nouveaux disciples de saint Vincent de Paul ne vont puiser, en abondance, à la source de tout dévoûment et de toute vraie abnégation, au cœur même de Dieu. M. de Cissey ne manquait pas de faire entendre cette vérité à ses confrères, en leur

(1) *Saint Luc*, VI, 45.

rappellant que, dans une assemblée générale, Mgr l'Évêque de Dijon avait recommandé aux associés d'avoir recours à la communion fréquente. Quelquefois, il leur suggérait à part, individuellement, la pensée de remplir ce grand acte de dévotion ; il mettait dans cette délicate invitation un tact si discret, une expression de piété si sincère et si pénétrante, que tous les invités promettaient et tenaient parole ; ensuite ils étaient tout surpris et tout heureux de se voir réunis en grand nombre au banquet divin.

On voit qu'il avait placé très haut son idéal. Il n'admettait la conférence que si elle était vivifiée en tout et partout de la vertu même de Notre-Seigneur ; il voulait voir ses associés accueillir, visiter et secourir, non pas en hommes, mais en chrétiens, leurs frères malheureux. Pour former une telle Société, le jeune président si laborieux, si bien doué pour la parole et l'action, comptait peu sur ses efforts ; il attendait tout le succès de la grâce divine par la prière. Pas d'association vraiment bienfaisante, pas d'apostolat fructueux, s'ils ne sont préparés et soutenues par la prière.

« Nous marchons ici le mieux que nous pouvons, écrivait-il à M. Théophile Foisset, son digne ami, « mais nous n'irions pas loin, si nous ne comptions « que sur nous. Les conférences d'Allemagne et de « Hollande font des merveilles parce qu'elles prient.

« La prière, c'est ce que je recommande le plus à nos « confrères. Vendredi, j'ai vu se réaliser un de mes « vœux les plus ardents. Notre conférence a été con- « sacrée au Sacré Cœur, et beaucoup de nos confrè- « res ont communié à la messe de consécration. « J'espère, au passage de Mgr notre Évêque, une « messe solennelle de lui pour le même objet, et « ensuite une messe pour nous tous, les premiers « vendredis du mois. Avec la protection de ce Saint « Cœur, nous aurons, outre la visite des familles, « le patronage des jeunes apprentis et la visite des « prisons. Nous espérons que bientôt nous formerons « une seule famille, c'est-à-dire, une réunion de « tous nos pauvres à une messe du dimanche avec « instruction, dans la chapelle de l'Hospice de la « charité. Vous voyez que j'ai raison de vous dire « que nous ne pouvons de nous-mêmes mener à « bien tant de bonnes choses. Si Dieu ne mettait la « main à nos projets, que nous serions petits ! Mais « je suis plein de confiance au Cœur de Jésus, qui « sera notre refuge, notre bouclier et notre président.

« C'est en lui que je vous aime le plus affec- « tueusement du monde, à lui que je vous confie. »

Qu'elle était grande sa confiance en Dieu ! C'est d'elle que son esprit recevait des inspirations d'une véritable éloquence ; son cœur, la fidélité dans ses affections, et sa volonté, la force et la persévérance dans le dévoûment. Pour prévenir le découragement et rendre la charité infatigable, il animait sans cesse les réunions de son puissant souffle de foi. Il disait :

« Notre Société a un grand ennemi, le découragement de ses membres. Il est inutile d'invoquer la « raison pour secourir le pauvre ; la raison ne com- « prend pas le mystère de la pauvreté ; elle peut « aller jusqu'à la pitié antique, ou jusqu'à l'hospita- « lité des Patriarches, mais elle ne comprend jamais « la dignité du malheureux dans l'Église. Cependant « souvent le pauvre n'est guère aimable ; il a la lai- « deur physique et la laideur morale ; ses vices sont « nombreux. Eh bien ! tel qu'il est, l'Église l'aime « et nous commande de l'aimer. Saint Laurent l'ap- « pelait son trésor ; sainte Élisabeth couvre ses « plaies de baisers ; saint Vincent de Paul se pros- « terne devant lui comme devant son Seigneur et « son Maître. Voilà ce que pensaient les Saints. Il « faut aimer le pauvre, l'aimer par esprit de foi et « malgré les répugnances de la nature. En vous « rendant à la demeure de l'indigent, recueillez-vous « un instant ; songez que vous allez visiter Jésus. « Donnez-lui de votre temps, de ce temps si souvent « perdu dans l'inutilité des visites du monde, don- « nez-lui surtout de votre cœur. Si la foi, comme « un astre bienfaisant, éclaire vos démarches, vous « sentirez une nouvelle ardeur pour le bien, un « nouvel attachement pour notre société. Le pauvre « bénira votre main généreuse ; et le Jésus de la

« crèche, le Dieu des petits, des humbles et des « indigents, vous préparera la belle couronne pro- « mise à tous ceux qui viennent en aide à ses « membres souffrants.

Il parlait ainsi dans les réunions de la conférence.

Nous voilà loin du timide langage d'une froide et impuissante philanthropie ! Ajoutons encore à ces citations une page qui rappelle les discours les mieux inspirés du Comte de Montalembert ou de M. Ozanam, l'illustre fondateur des conférences de saint Vincent de Paul. Nous la détachons d'un éloquent rapport que M. de Cissey fit à une assemblée générale de la Société.

« Il n'y a qu'une manière de faire un bien durable « aux hommes qu'on secourt, disait-il, c'est de les « rendre meilleurs en leur faisant connaître la vérité « trop ignorée, inconnue d'un monde qui la cherche « sans vouloir la trouver, cette vérité, c'est la doc- « trine salutaire qui descend de la croix, doctrine « qui nous enseigne de l'abnégation, du renonce- « ment aux convoitises, de l'apaisement des passions « et de l'échange mutuel de services entre tous les « hommes dans la justice et la charité.

« Nos pères rendaient cette pensée par une pieuse « et saisissante légende, celle de ce monstre qui « ravageait une contrée et auquel nul ne pouvait « résister. Dans la désolation générale, on recourait

« à un saint Évêque, à un humble cénobite : le « saint allait au-devant du monstre, lui ordonnait au « nom de Dieu de cesser d'être cruel, et l'emme- « nait docile prisonnier. Cette légende est l'image « fidèle de ce qui se passe encore de nos jours : le « monstre qui répand partout ses ravages, c'est « l'esprit du mal qui souffle partout la révolte des « passions, et auquel nul ne peut résister. Comme « au moyen âge, l'esprit du Christ seul peut le « vaincre ; allons donc chercher celui-ci, pour « qu'ayant vaincu l'esprit de révolte, il lui arrache « ses victimes et triomphe du mal par le dévoû- « ment. A cet homme dévoyé par la passion ou la « misère, il faut faire entendre, au nom de Dieu, la « vérité morale, pratique, la doctrine de l'Église, « et lui dire aussi : sois docile et calme tes pen- « chants insensés.

« A cela notre esprit ne suffirait pas, notre élo- « quence, comme un trait qui glisse sur l'écaille, « ne pénétrerait pas, et c'est pourquoi l'époque « qui nous a précédés, malgré tout son esprit, a « échoué quand elle a voulu persuader les cœurs. « Pour les gagner, il faut aller à eux par la charité ; « jamais nous n'en finirons avec les raisonnements « et les discours ; mais tous les hommes sont sen- « sibles au sacrifice, au dévoûment ; aimons-les, « ils nous aimeront. Que tous les hommes plus « favorisés des dons de la fortune aillent au-devant

« de ceux qu'elle a déshérités, et leur disent : Nous « voici à vous de cœur et d'âme, prêts à vous tendre une main amie et généreuse, à vous visiter « dans votre demeure fétide, à encourager vos enfants, surveiller vos jeunes gens, à user de nos « loisirs pour féconder par d'heureuses institutions « les labeurs de vos travailleurs, à vous aimer partout et toujours.

« Est-ce donc si difficile à des chrétiens d'aimer? « Jésus-Christ n'est-il pas venu pour aimer des « enfants rebelles et mourir par amour ? Oui, si « nous voulons nous sauver et sauver le monde, il « faut que l'amour du prochain déborde, que la « charité ne se restreigne plus, et que, dans cette « immense et pacifique croisade, la société tout « entière suive la bannière de la croix. Dieu le veut! « De l'enfant au vieillard il faut que nous nous « entr'aidions les uns les autres, en nous prodiguant mutuellement les sacrifices de notre bonne « volonté. »

M. de Cissey soutenait par les exemples ses éloquents discours. Il visitait assidûment ses pauvres. Dans ces humbles ménages, il savait par des entretiens familiers, où il excellait, se concilier une grande confiance et une franche sympathie. Son abord facile, cordial, et son ton de voix naturellement affable, dissipaient les préjugés, faisaient taire l'envie et rapprochaient les distances. Alors le pauvre, se croyant de niveau, traitait de ses affaires amicalement, comme d'égal à égal, avec le charitable visiteur. Il avait trouvé un sage conseiller et un ferme soutien. Nous ne pouvons sans doute soulever le voile qui cache les œuvres de charité faites dans la demeure de l'indigent; mais, à la manière empressée et affectueuse dont les jeunes gens et les ouvriers, nous rapporte un témoin oculaire, acclamaient, en toute occasion, dans les rues de Chalon le bon président des conférences, il était facile de voir que M. de Cissey avait trouvé le chemin des cœurs.

Ses rapports avec les confrères étaient empreints de cordialité et de bonne grâce; il y ajoutait, à l'occasion, une pointe d'esprit, une douce ironie qui excitait l'attention, éveillait l'amourpropre, sans alarmer pourtant la charité. Pour obtenir l'observation du règlement, M. de Cissey pensait, lui aussi, que douceur fait plus que sévérité et que le mieux est souvent l'ennemi du bien. Si les fonctions de président l'obligeaient à rappeler quelqu'un au devoir, il tempérait si bien ses avis par de sages précautions et des éloges, mérités d'ailleurs, que le caractère le plus susceptible n'éprouvait aucun froissement. C'est pourquoi il savait susciter et grouper les bonnes volontés. La rapidité de la pensée et l'ardeur du zèle le rendaient parfois impressionnable; mais, dévoué avant tout à la prospérité de l'œuvre, il ne s'obstinait pas à faire prévaloir son opinion ; quelques instants de réflexion suffisaient pour le ramener à la juste appréciation des hommes et des faits.

Si le président des conférences savait que l'union dans le dévoûment fait la force et le succès ; il n'ignorait pas non plus que la charité fraternelle fait le lien et le charme de toute Société, qu'elle en inspire les sentiments, et que l'association exerce une influence plus étendue et plus efficace, par cela même qu'un accord plus parfait règne entre tous ses membres. Aussi, pour fortifier la concorde, il conviait souvent les auxiliaires de son zèle et de sa charité à se réunir dans son château de Cissey.

Là, le bon président recevait ses confrères avec sa distinction habituelle et la plus aimable cordialité. L'heureuse journée commençait invariablement par l'assistance à la sainte Messe, célébrée dans la chapelle du château et accompagnée d'une instruction. Il fallait bien que la religion présidât à toutes les fêtes ; c'était dans les habitudes de la maison. Ensuite Mme de Cissey, avec une prévoyance et une activité qui rappelaient la femme forte, s'empressait de faire honneur, devant cette société d'élite, aux intentions généreuses de son mari ; une table servie avec autant de goût que de convenance réunissait tous les confrères, et, dans ces agapes nouvelles, on ne savait lesquels étaient le plus charmés et le plus obligés des châtelains ou de leurs hôtes. Puis, ces bons catholiques s'entretenaient des événements qui intéressaient l'Église, de l'état de la conférence et des moyens de la rendre encore plus prospère ; tout sujet de conversation étranger aux œuvres de charité, qui aurait pu diviser les esprits, était sagement évité. Sous l'influence du digne président, il y avait association des esprits dans les mêmes pensées de foi, des cœurs dans les mêmes joies et le même désir de se dévouer, des volontés dans l'accomplissement des mêmes devoirs.

Entouré de la profonde sympathie de ses confrères et de la considération générale, M. de Cissey voulut faire servir l'heureuse influence de sa situation au succès d'une cause bien chère aux catholiques.

« C'était le moment, dit le P. Lacordaire dans « son beau langage, où les catholiques de France, « pour la seconde fois, réclamaient avec énergie « l'une des plus grandes libertés de l'âme, la liberté « de l'enseignement. Le Comte de Montalembert, du « haut de la tribune pairiale qui l'avait autrefois « condamné dans cette même cause, présidait à cette « seconde campagne comme général, après avoir fait « la première comme soldat. Sous lui, et chacun à « son poste, on s'animait au devoir. »

M. de Cissey, afin de revendiquer ce droit sacré de l'âme chrétienne, fut un des premiers à occuper son poste dans cette nouvelle campagne de l'Église militante ; et le chef de la cause catholique trouva en lui un de ses meilleurs lieutenants. Le plan de campagne des défenseurs des droits de l'Église consistait à susciter une imposante manifestation par voie de pétitionnement; mais l'exécution de ce plan offrait de sérieuses difficultés.

Le peuple, dans sa grande majorité, habitué depuis des siècles par la monarchie chrétienne à recevoir avec respect le mouvement et la direction, ne se représentait pas, sous la monarchie de Juillet, qu'on pût entrer en lutte même pacifique avec les pouvoirs publics. Dans la pensée d'un grand nombre, le pouvoir gouvernait toujours pour le bien général ; on ne soupçonnait pas le danger d'un enseignement placé sous le patronage de l'autorité civile. D'ailleurs cet enseignement avait conservé, dans ses formes extérieures, les traditions et les règlements religieux. Aussi, pour la plus grande partie du peuple, la manifestation des catholiques était une nouveauté suspecte, peut-être une opposition turbulente.

C'était dans les hautes sphères du monde religieux que l'on comprenait la nécessité de la liberté de l'enseignement. Certes les réclamations de l'Épiscopat n'étaient que trop fondées.

Depuis que le gouvernement ne reconnaît plus la religion catholique comme religion de l'État, il admet en principe l'indifférentisme religieux, mettant au même rang l'erreur et la vérité et leur accordant une égale protection.

Il résulte de cet indifférentisme que l'État, dans l'enseignement qu'il donne par son université, se trouve réduit à observer une injuste neutralité entre tous les cultes et à laisser une égale liberté à toutes les croyances. Cette sorte de confusion de toutes les doctrines, en abaissant la vérité au niveau de l'erreur, ne peut produire que le septicisme ou un affaiblissement très sensible de la foi dans l'esprit de la jeunesse catholique. Tel est le danger.

Il rappelle sous quelques rapports le sort des chrétiens qui tombaient autrefois au pouvoir des infidèles. Mais on sait quelles saintes institutions et quels admirables dévoûments l'Église suscita pour délivrer ses enfants de cette périlleuse captivité. Il ne faut pas s'étonner si, déployant le même zèle, elle ait réclamé, il y a cinquante ans, avec une persévérance que rien ne pouvait décourager, la liberté d'élever elle-même ses enfants pour sauvegarder leur foi et leurs mœurs.

Ce sera toujours l'honneur du Comte de Montalembert d'avoir porté et soutenu devant les pouvoirs publics les réclamations des catholiques. Tous les cœurs droits étaient avec lui, quand il s'écriait : « Il n'est pas de père digne de ce nom qui, jetant les « yeux sur ses enfants, ne se sente effrayé de leur « avenir, de les voir grandir au sein de ces provo-

« cations au mal, plus ardentes que jamais dans notre « société actuelle, qui ne désire leur donner des con- « victions religieuses capables de leur servir à la « fois d'abri et de rempart. »

M. de Cissey s'empressa de se faire, dans sa province, l'écho du grand orateur catholique. Avec la lucidité de sa parole et la chaleur de ses convictions, il exposa à ses collègues de la conférence le but, le plan et l'excellence du projet de revendication des libertés chrétiennes. « Ne mettons jamais, disait-il, « à la place du Crucifix le génie ou la science de « l'État ou quelque autre rêve de l'esprit humain. « Laissons agir la force immense de catholicisme, « comme nous laissons agir la nature dans les fonc- « tions du cœur, soyons, en un mot, vraiment ca- « tholiques en toute choses, et la société sortira « bientôt triomphante de toutes ses épreuves. »

Il invita M. de Montalembert à venir lui-même animer au devoir les catholiques de la région, ensuite il lui adressa un rapport sur l'organisation du pétitionnement. L'illustre défenseur des droits de l'Église remercia par la lettre suivante son devoué et habile représentant ; elle ne fait pas moins honneur à celui qui l'a reçue qu'à celui qui l'a écrite.

Paris, le 24 juillet 1844.

Monsieur et cher frère d'armes,

« J'ai été ravi de la lettre que vous m'avez fait « l'honneur de m'adresser. Je l'ai communiquée à « M. de Riancey (Henri), Secrétaire de notre comité, « qui vous répondra sur les détails.

« Mais j'ai voulu tout d'abord vous dire combien « je me félicite de ce commencement de relations « entre nous, et combien j'éprouve pour vous de « sympathie et de confiance.

« Toutes vos idées, tous vos plans me semblent « marqués au coin de l'esprit *d'action*, *d'action ca-« tholique*, que je demande à Dieu de propager dans « les cœurs Français. J'adopte surtout votre projet « de souscription....

« Notre comité est formé ; nous n'attendons plus, « pour annoncer publiquement son existence, que « l'adhésion de deux ou trois personnes dont la pré-« sence a semblé désirable. Veuillez me recommander « aux prières de la Société de saint Vincent de Paul « de Chalon et des vénérables ecclésiastiques de « cette ville, que j'ai eu le bonheur d'y voir, et « croyez-moi, mon cher frère d'armes et de foi, « votre très dévoué et très humble serviteur en N.-S.

« CH. DE MONTALEMBERT. »

Cette correspondance entre les deux zélés catholiques nous inspire une réflexion. On sait que le Comte de Montalembert présenta et lut devant l'Assemblée nationale, en 1870, un très éloquent rapport sur l'observation du Dimanche et des jours fériés. « Nous venons vous demander simplement et franchement, disait-il, de restituer ce qui est dû à la majesté de Dieu et à la dignité du pauvre, toutes deux méconnues, toutes deux outragées par la profanation du Dimanche. Nous ne prétendons pas vous recommander une mesure d'hygiène ou d'économie politique ; nous nous bornons à constater que les résultats les plus accrédités de ces deux sciences n'ont fait, jusqu'à présent, que confirmer la justice et l'utilité du précepte divin, et nous vous proposons une loi destinée à rendre un public hommage à Dieu, et une indispensable garantie à la liberté des âmes et à la conscience de tous les chrétiens. »

Si le grand orateur avait eu le bonheur de voir, trente ans plus tard, Louis de Cissey propager, sous la bénédiction du Souverain Pontife et des Évêques, dans les mœurs du peuple l'observation du Dimanche, que lui-même avait tant à cœur d'honorer de la majesté des lois civiles, avec quelle « sympathie » il eut encouragé les efforts et applaudi aux succès de son vaillant « frère d'armes et de foi ! » Il eut publié avec une satisfaction toute nouvelle que les « idées et les plans » du promoteur et de l'apôtre de cette grande œuvre lui « semblaient marqués au coin de l'esprit d'action catholique! »

Le président de la conférence de Chalon se trouvait, il est vrai, engagé par sa situation à seconder de tout son pouvoir les défenseurs des droits de l'âme à l'enseignement chrétien. On ne peut concevoir que la charitable association, qui se conformait si fidèlement à l'esprit de saint Vincent de Paul, ait pu rester inactive devant les réclamations les plus légitimes de l'Église. Mais M. de Cissey était appelé, du reste, par un attrait particulier, à soutenir et à propager toutes les œuvres qui intéressent la prospérité de la religion. C'était l'orientation de sa vie. Aussi son esprit de foi lui révélait, pour exercer son zèle, des occasions auxquelles grand nombre d'hommes de sa condition n'auraient pas songé.

Vers l'époque où fut fondée la conférence de saint Vincent de Paul, il se forma à Chalon une société d'histoire et d'archéologie, dont il fut nommé vice-président.

Aussitôt il se proposa de rapporter ses nouvelles études à ses connaissances religieuses, d'éclairer et d'affermir réciproquement les unes par les autres.

« Pourquoi sommes-nous réunis ? écrivait-il à « M. Théophile Foisset. Pourquoi reconstruisons-nous « le passé et faisons-nous ces études sur les monu- « ments chrétiens et les libertés de nos pères, sinon

« pour retrouver leur foi ? » Son esprit se tournait d'instinct vers la lumière de la foi, comme l'œil recherche la splendeur du jour.

Il n'admet les changements dans la vie d'un peuple qu'à la lumière de la foi, avec la direction de l'Église. C'est pourquoi il veut renouer le présent avec le passé, qui était une époque de foi, et, tout en rendant justice aux améliorations réelles que le temps a pu introduire dans les mœurs et les institutions, il prétend avec raison que la religion est, pour tous les temps, l'oracle des bons conseils dans les institutions, la source des lumières dans les sciences et dans les arts, le principe régulateur de toutes les transformations vraiment utiles à la société.

Dans cette disposition d'esprit, il publia une monographie de l'Épiscopat de Chalon-sur-Saône et de sa cathédrale. C'est un tableau exact et attachant des grandes œuvres accomplies par les prélats les plus illustres qui ont gouverné cette église ; il est tracé dans un style brillant et avec une connaissance complète de la science héraldique. L'histoire du diocèse de Chalon était, pour les périodes du moins les plus mémorables, écrite dans son église, en caractères qui paraissaient indélébiles, sur les dalles, sur les statues, sur les voûtes et dans les chapelles. Que de trésors artistiques, que de souvenirs glorieux et édifiants, que d'attraits pour la piété des fidèles renfermait la belle cathédrale Saint-Vincent !

Mais les orages de la révolution, hélas ! ont anéanti presque tous ces monuments si précieux de la vie d'un peuple. Aussi l'auteur de la monographie, qui avait au cœur le culte des pieux souvenirs, laisse échapper cette plainte éloquente : « A peine reste-t-il quelques débris des inscriptions et des ornements, tous signés, depuis la dalle funéraire du pavé jusqu'à la clef blasonnée des voûtes, que cinq siècles avaient accumulés dans ces abris sacrés. Nous regrettons vivement cette ornementation historique, que rien ne peut remplacer; car ces pages lapidaires, adressées à tous, présenteraient encore le saisissant spectacle des gloires, des malheurs et de la piété de nos pères. »

L'esprit de foi du pieux archéologue s'unit encore aux accents d'un patriotisme ému, quand il parle de la disparition de la chapelle la plus vénérée de l'antique église. « Une des chapelles, dit-il, dédiée à Notre-Dame de Pitié, était renommée jadis dans toute la France ; car là s'opéraient d'innombrables guérisons miraculeuses, depuis celle du fils de Mgr le prince de *Beffroymont*, l'un des plus grands seigneurs de France, jusqu'à celle, plus connue du peuple et non moins touchante, du pauvre aveugle amené par saint Martin de Tours aux pieds de la Mère des Douleurs. Aussi le Sanctuaire de Notre-Dame était-il tapissé d'ex-voto au dehors comme au dedans, de telle sorte qu'on n'en voyait plus les murs.

Hélas ! cette chapelle, objet de tant de pieuses légendes, cette chapelle, la seule de nos contrées que visitassent les pèlerins et les processions des paroisses, venant bannières en tête, à travers les lointaines campagnes, a perdu jusqu'à son nom. On a banni de sa niche l'antique statue vénérée de Notre-Dame de Pitié ; et les plaintes de quelques vieillards, qui n'avaient point oublié la foi naïve de leurs pères, ont seules obtenu que cette statue de la Vierge de Fourvières de la Bourgogne ancienne fut laissée dans un coin de son domicile passé. Certaines réparations effacent jusqu'au souvenir que nous gardaient les ruines. »

M. de Cissey, on l'a remarqué, remplissait tous les devoirs de la position que Dieu lui avait assignée dans la Société ; il faisait tout ce que cette situation et ses admirables aptitudes l'obligeaient de faire. Mais ses œuvres de charité et ses œuvres de zèle, qui convenaient si bien à son rang, ses discours et ses écrits empreints d'une piété ardente et soutenus par les exemples les plus édifiants d'une vie franchement chrétienne, c'était la foi qui les inspirait, ils en étaient le rayonnement. La parole de saint Augustin sera toujours vraie : je loue le fruit d'une bonne œuvre, mais j'en reconnais la racine, le principe dans la foi (1).

(1) Discours sur le *Ps.* 31.

CHAPITRE III.

Relations de M. de Cissey. — Le R. P. Eymard. — Voyage à Niederbronn, une prédiction. — Le capitaine Auguste Marceau, commandant de « *l'Arche d'Alliance* ». — Un baptême inespéré la Révérende Mère Marie-Alphonse. — Une première communion.

La vie d'un fervent chrétien est privée de son plus bel éclat, quand elle n'est pas accompagnée de souffrances et d'épreuves. M. de Cissey fut appelé de bonne heure à parcourir cette voie du sacrifice. Pendant qu'il se livrait avec ardeur à ses œuvres de charité et de zèle, il portait au fond de cœur des deuils secrets avec de cruelles inquiétudes. La santé chancelante de Mme de Cissey, les accidents douloureux qu'elle avait éprouvés et les déclarations peu rassurantes des médecins paraissaient anéantir les plus chères espérances du jeune ménage. Il vivaient depuis sept ans dans le mariage, et ils n'avaient pas encore d'enfants. Pour obtenir cette consolation, ils multipliaient, l'un et l'autre, les prières et les bonnes œuvres. Mais la divine Providence, dont les desseins sont impénétrables, saura trouver un jour leur récompense,

Vers le même temps, le président des conférences de Chalon entra en relations avec un saint reli-

4

gieux, dont les conseils ont fait époque dans la vie de M. de Cissey: Nous voulons parler du R. P. Eymard, fondateur de l'institut des Prêtres du Saint-Sacrement. Il appartenait alors à la Société de Marie, dont il était provincial, et prêchait une station de carême dans l'église Saint-Pierre de Chalon.

M. de Cissey, assidu à tous les exercices de la station, aimait à entendre le zélé prédicateur ; il admirait en lui l'onction pénétrante et l'entraînement d'une parole sans apprêt et pleine de foi. Dans l'un des entretiens qu'il se plaisait à avoir avec le pieux missionnaire, il lui fit connaître ses douloureuses appréhensions. Celui-ci, remarquant la vivacité de la foi, la candeur et l'élévation des sentiments du pieux laïque, lui proposa de l'agréger au Tiers-Ordre de Marie, puis il lui conseilla de recommander la guérison de Mme de Cissey aux prières de la Rde Mère Marie-Alphonse, fondatrice et première Supérieure de la congrégation des Filles du Divin Rédempteur. M. de Cissey reçut avec docilité ces conseils et promit humblement de les suivre.

Nous savons que le vertueux jeune homme et sa pieuse compagne avaient voulu, dès le début, rendre leur société plus heureuse en la rendant plus sainte ; or, l'union des cœurs et la paix règnent dans les maisons où Dieu habite ; c'est pourquoi la digne compagne de M. de Cissey tint à ne pas rester éloignée de lui, quand il voulut, par son affiliation au

Tiers-Ordre de Marie, s'approcher plus près de Dieu : Elle demanda la faveur d'être aussi admise dans la pieuse association. Le R. P. Eymard les agrégea ensemble dans la chapelle de Notre Dame de Fourvières.

Après avoir donné à Marie ce gage de sa piété filiale, M. de Cissey se rendit à Niederbronn, où demeurait la R[de] Mère Marie-Alphonse, pour s'enquérir de la vérité des grâces extraordinaires que la renommée attribuait aux prières de la sainte religieuse (1).

Quoique la vénérable fondatrice de l'Ordre des Filles du Divin Rédempteur soit connue du monde catholique, il n'est peut-être pas inutile de reproduire ici quelques traits de sa vie. Elle était une de ces âmes privilégiées que Dieu, pour manifester avec plus d'éclat sa puissance, tire de leur très humble condition et appelle à l'accomplissement de ses grandes œuvres.

Dans le monde, sœur Marie-Alphonse s'appelait Elisabeth Eppinger. Elle naquit à Niederbronn, en 1814, de parents honnêtes, bons catholiques et cultivateurs de profession. Elle fréquenta seulement

(1) M. l'abbé Busson, dont Monseigneur Besson, évêque de Nîmes, a écrit la vie, publia en 1850, sur la vénérable fondatrice des Filles du Divin Rédempteur, un livre plein de science et d'intérêt, intitulé : *Lettres sur l'Extatique de Niederbronn*.

L'auteur admet et soutient dans ses conclusions, en réservant le jugement de l'Église, la réalité des communications divines attribuées à la sainte religieuse.

l'école primaire, où elle apprit à lire son catéchisme, son livre de prières et à signer son nom. Dans ces premiers temps, son intelligence atteignait à peine le niveau de celle de ses compagnes. Mais elle les surpassait de bien loin dans une disposition plus précieuse et plus rare : elle acquit de bonne heure un tact exquis, qui n'était ni de son âge ni de son éducation, pour tout ce qui regarde les convenances. Son amour de la prière égalait sa candeur et sa docilité. Elle avait pour la Sainte Vierge une confiance sans bornes. A quinze ans, elle faisait la sainte communion plusieurs fois par semaines. Continuellement occupée de Dieu, elle vivait dans un profond recueillement ; cette âme prévilégiée, écrivait M. l'abbé Busson, ne voit plus les choses qu'en Dieu.

C'est en 1846 qu'Elisabeth reçut les premières communications surnaturelles. Ses révélations se rapportaient, en général, à l'état des âmes, au progrès et aux épreuves de la religion en France et en Europe. Elle avait reçu le don du discernement des esprits. En 1849, la pieuse fille fonda à Niederbronn, son pays, l'ordre des Filles du Divin Rédempteur, persuadée que Dieu lui avait donné cette vocation. Elle en fut nommée Supérieure. Cet ordre, qui est muni de toutes les approbations canoniques, a pris une rapide extension : il compte aujourd'hui un très grand nombre de maisons en Alsace, en

Lorraine, en Franche-Comté, en Allemagne et en Belgique.

Quand M. de Cissey vint à Niederbronn, la renommée de la voyante était dans tout son éclat. Leur première entrevue fut signalée par un fait extraordinaire, merveilleux ; nous n'hésitons pas à le rapporter, car nous en avons recueilli le récit de la bouche de témoins très honorables.

M. de Cissey arrivait dans cette ville à sept heures du soir ; il était trop tard pour se présenter au monastère. C'était le 10 avril 1850. Le lendemain il assistait à la Messe dans la chapelle du couvent. Il n'avait pas annoncé sa visite à Niederbronn ; dans cette ville personne ne le connaissait. Tandis que la R[de] Mère Alphonse, après avoir reçu la sainte communion, revenait à sa place, elle entendit une voix qui lui « disait : « Re-tourne-toi ma fille... vois ! regarde-le !
« Voici un des hommes que j'appelle à mon œuvre ! »
Et à ce moment, M. de Cissey remarqua qu'une religieuse le regardait fixement ; il ne la connaissait pas, et il était seul dans la partie de la chapelle où il s'était placé.

Lorsque la Mère Alphonse sortit de la chapelle, la même voix lui redit : « Remarque-le bien ; c'est « un de ceux que j'ai appelés à mon œuvre ; fais-le « appeler et tu vas lui parler d'après ce que je te « dirai ! » En effet M. l'aumonier vint dire à M. de Cissey que la Supérieure désirait lui parler, avant que celui ci eut demandé à s'entretenir avec elle.

M. de Cissey se présenta : « Je n'ai jamais vu, lui dit « aussitôt l'Extatique, un laïque recevoir des grâces « semblables à celle que vous recevez, tant elles sont « considérables. Il faut que vous soyez un apôtre. » « Ce mot fit sourire M. de Cissey. « Il ne vient pas « de moi, ce mot qui vous fait rire, dit-elle promptement avec un air attristé, il m'a été dicté par Dieu ; « vous ne pouvez comprendre aujoud'hui la portée « de ce que je vous dis et des grâces que Dieu vous « destine, car elles sont si étonnantes que, si vous « les voyiez, vous en seriez accablé. Priez, ayez « confiance, et répétez souvent ces paroles dans votre cœur : Mon Dieu, me voici, pauvre instrument ; faites de moi ce que vous jugerez à propos. »

Ces paroles dites d'un ton calme et ferme firent sur M. de Cissey une profonde impression. Mais il n'en comprit pas toute la portée; son esprit habitait alors un autre monde de pensées et de préoccupations. Il fit connaitre le but de son voyage à la vénérable Supérieure et son désir d'amener auprès d'elle Mme de Cissey. La Mère Alphonse approuva sans réserve ce projet et pressa le pieux visiteur de le mettre le plus tôt possible à exécution. Cette première entrevue et le récit qu'on ne manqua pas de lui faire de toutes les grâces obtenues dans ces lieux bénis, émurent vivement le fervent chrétien; il repartit aussitôt pour aller chercher Mme de Cissey et la confier à la pieuse sollicitude de celle qui était, disait-on, si puissante sur le Cœur de Dieu.

Pour mettre de l'ordre dans ce récit, nous ferons connaître plus loin la suite des relations de M. de Cissey avec la sainte religieuse. En cela, nous nous réglons sur la conduite de la Divine Providence qui ménageait à notre bon catholique, pour son retour à Niederbronn, une mémorable et très heureuse rencontre.

En effet, quand il fut revenu dans cette ville, avec sa digne compagne, il y trouva le capitaine Auguste Marceau, commandant du vaisseau l' « *Arche d'alliance.* » Le vertueux et illustre marin venait de parcourir les mers australes pour le service des missions catholiques. « On peut égaler, ce semble, dit « son historien (1), cette campagne à celle de Du-« mont d'Urville pour le talent et les difficultés vain-« cues, et on ne peut la comparer à aucune autre, « que nous sachions, pour l'esprit de religion et de « zèle. Marceau avait tenu la mer quarante-quatre « mois de suite. »

Mais le vaillant officier, bien qu'il fut âgé seulement de quarante-trois ans, avait contracté, dans cette longue et laborieuse campagne, les germes de la maladie qui le conduisit au tombeau. Cependant il avait rendu à la religion des services si importants,

(1) Auguste Marceau, commandant de l'*Arche d'alliance*, par un de ses amis.

qu'on le jugeait presque nécessaire au succès de nos missions. C'était le sentiment du R. P. Eymard, et ce religieux l'avait aussi engagé à se rendre à Niederbronn, espérant que les prières de la Mère Alphonse obtiendraient la guérison de l'habile et dévoué Commandant.

Le président des conférences de Chalon et l'illustre marin se rencontrèrent dans le même hôtel ; aussitôt d'étroites et fréquentes relations s'établirent. La haute piété de Marceau ravit Louis de Cissey : il vit dans l'éminent officier les vertus d'un saint, et il s'attacha à lui. Marceau remarqua dans son nouveau compagnon une foi vive, une âme ardente, animée d'un vif désir de faire le bien, et une vie déjà formée aux pratiques de la piété ; il y trouva par conséquent des traits de sa ressemblance. L'un et l'autre étaient inscrits dans le Tiers-Ordre de Marie ; leur esprit vivait dans les mêmes pensées, leur cœur obéissait à une attraction réciproque ; ils s'unirent donc par ce qu'ils avaient de commun. « Je ne suis point seul, comme vous le supposez, écrivait Marceau à un ami, je suis logé sur le même palier qu'un jeune homme de Chalon-sur-Saône, (M. de Cissey) qui est ici avec sa femme depuis le mois de mai, et avec lequel je suis en « intimité (1). »

Nous connaissons le principe de cette intimité :

(1) Auguste Marceau, Commandant de *l'Arche d'alliance*, par un de ses amis.

« Le vertueux commandant, M. et Mme de Cissey faisaient ensemble leurs exercices de piété, dit l'historien de Marceau, et, lorsque tous les trois s'acheminaient sur de modestes montures pour faire les promenades que réclamait la santé des deux malades, Marceau récitait le chapelet d'une voix si vibrante et si animée, qu'on n'eut pu le croire aussi gravement atteint (1). » M. de Cissey, qui a rapporté cette édifiante anecdote, parlait avec une vive admiration de la ferveur de son nouvel ami : « Dès « que M. Auguste Marceau, disait-il, commençait à « prier, son grand cœur s'enflammait de l'amour de « Dieu, qui suppléait aux forces défaillantes de son « corps, et son attitude respectueuse et résolue suf- « fisait pour donner du zèle et ranimer les plus « tièdes. »

Marceau, de son coté, nous a laissé un précieux témoignage de la foi et de la piété de son digne compagnon. Il écrivait vers le même temps au P. Eymard ce trait caractéristique :

« Vous savez que M. de Cissey ayant entendu dire « qu'il n'est pas encore arrivé qu'aucun des petits « enfants agrégés par leurs mères au Tiers-Ordre de « Marie, même avant leur naissance, ait été privé de « la grâce du Baptême, pria qu'on voulût bien rece- « voir celui dont sa femme était enceinte. Vous sa-

(1) Auguste Marceau, Commandant de *l'Arche d'alliance*, par un de ses amis.

« vez aussi qu'il y a quelques jours la pauvre mère, « qui a déjà éprouvé bien des accidents dans ses « grossesses, se trouvait en un tel état de maladie « que M. de Cissey, profondément affligé, accusait « presque la Sainte Vierge et regardait la mort de « l'enfant dans le sein de sa mère comme inévitable. « La grâce du baptême, disait-il, est cependant la « seule chose que je demande pour lui, » et il ajoutait : « Comme chrétiens, nous ne pouvons pas dé« sespérer ; mais selon toutes les probabilités humai« nes, tout espoir est perdu. » Il écrivit pour faire « prier les frères et les sœurs du Tiers-Ordre. Eh « bien ! Mme de Cissey a fait une fausse couche, et « je vous assure qu'aujourd'hui l'enfant doit bien « prier pour le Tiers-Ordre de Marie. Pauvre petite « fille qu'on ne supposait pas vivante ! (Elle n'est « restée que cinq mois dans le sein de sa mère qui a « souffert constamment.) Elle était donc là, déposée « sur un lit, et recouverte d'un linge, sans que « personne ne songeât plus à elle, lorsque la maî« tresse d'hôtel vit, quelques minutes après, le linge « s'agiter ; c'était la petite main de l'enfant qui re« muait. On se hâte de lui accorder la grâce qu'elle « semble demander et attendre pour mourir. Cette « circonstance du baptême de cette petite fille a « beaucoup frappé les personnes qui s'intéressent à « Mme de Cissey, et une jeune dame m'a prié aussi-

« tôt d'écrire pour faire agréger l'enfant qu'elle « porte » (1).

Quand il eut constaté que son vœu le plus cher était exaucé, M. de Cissey fit aisément à Dieu le sacrifice de son enfant ; en lui la ferveur du chrétien éclairait la tendresse du père. « Que la sainte volonté de Dieu, écrivait-il, qui a pris auprès de lui cette petite fille, soit bénie en toutes choses ! »

Après quelques mois d'un commun séjour à Niederbronn, les deux fervents chrétiens se séparèrent; mais, restant unis de cœur, ils se donnèrent encore une mutuelle satisfaction dans une pieuse correspondance. Louis de Cissey avait gagné la confiance du vertueux et illustre commandant, car celui-ci l'entretenait dans ses lettres des incidents et des épreuves intimes de sa vie, de ses projets d'avenir, non sans faire quelque humble allusion aux égarements de sa jeunesse. L'esprit de foi, le zèle, la charité respirent dans ces lettres, qui allaient droit au cœur du président des conférences. Dans sa dernière lettre, datée du 22 Janvier, Marceau annonce à son ami sa prochaine visite. Quelle joie pour Louis de Cissey que celle de recevoir un Saint dans sa maison ! Qu'il eût été heureux de le présenter à une réunion des conférences de saint Vincent de Paul ! Hélas ! quelques jours après, au lieu de recevoir le saint homme, il

(1) Auguste Marceau, Commandant de l'*Arche d'alliance*, par un de ses amis.

apprit la nouvelle de sa mort. La perte d'un tel ami fut un des grands sacrifices que Dieu demanda à M. de Cissey ; car le ferme catholique savait placer ses affections et, suivant le conseil du sage (1), quand il avait trouvé quelqu'un qui craignait véritablement Dieu, un homme Saint, il se plaisait à se tenir sans cesse auprès de lui.

Nous trouvons dans cette inclination prononcée de M. de Cissey pour toutes les personnes qui se distinguaient par leur haute vertu, le secret de ses longues et fréquentes relations avec la vénérable fondatrice de l'Ordre des Filles du Divin Rédempteur. Il resta plusieurs mois à Niederbronn, retenu, comme le commandant Marceau, par l'attrait de la sainteté. La vue de cette humble fille qui avait l'ineffable faveur de vivre en rapport immédiat et personnel avec Dieu, avec la Sainte Vierge et les Anges, produisit sur notre fervent catholique une profonde et très religieuse impression : Le modeste couvent lui apparaissait comme un nouveau Cénacle où Dieu, toujours Maître de ses dons, s'était réservé de faire connaître, en notre temps, quelques-uns de ses secrets desseins. Il recueillait avec le plus respectueux empressement les révélations de l'Extatique, et il avait soin d'en prendre note après de longues et sages informations. Sa foi, pour être vive et généreuse, était

(1) *Eccli.* XXXVII, 15.

pourtant très éclairée. Dans un sujet aussi délicat, et aussi ardu, son conseiller accoutumé était le savant et vénérable abbé Busson ; celui-ci était venu aussi à Niederbronn pour voir, examiner et s'édifier.

M. de Cissey se recommandait sans cesse aux prières de la sainte religieuse; lui-même était assidu à prier dans la petite chapelle du couvent primitif, où il faisait la Communion fréquente. Une de ses grandes satisfactions était de servir le prêtre à l'autel. Dans ces pieuses fonctions, son attitude était humble, sa physionomie impressionnée et son recueillement profond ; il paraissait tout pénétré du sentiment de la présence de Dieu qui, par des manifestations merveilleuses, remplissait de sa majesté la chapelle et le monastère. « L'on est à Niederbronn, écrivait-il, dans une terre bénie de Dieu ; tout vous porte à lui, tout vous enlève à la terre ; l'on est soutenu par une impulsion continuelle qui presse de toute part. »

Il aimait aussi à remplir les fonctions de sacristain et à rendre les plus humbles services à la congrégation naissante. Dieu, qui avait tiré de son obscurité une pauvre fille pour en faire l'interprète extrordinaire et momentané de ses enseignements, dut trouver très agréables les bons offices que rendait à son humble servante un homme du grand monde.

Six mois s'écoulèrent à Niederbronn, rapides et

heureux pour Louis de Cissey. Il partageait ses journées entre les visites à la chapelle du couvent, « où Dieu répandait tant de grâces, » de fréquents entretiens avec son saint ami, Auguste Marceau, et avec les ecclésiastiques de la ville. Ses rapports surtout avec la R^de Mère Marie-Alphonse laissèrent dans son cœur un souvenir ineffaçable ; il attribuait à la vertu des prières de la sainte religieuse une amélioration très sensible dans l'état de Mme de Cissey et plusieurs grâces particulières ; jusqu'à la fin de sa vie, il ne prononça jamais le nom de celle qu'il appelait sa bienfaitrice qu'avec l'accent d'une profonde et affectueuse vénération. Quinze ans après son séjour à Niederbronn il lui écrivait :

« Vous savez que j'ai assisté à la fondation de « l'œuvre, à toutes les difficultés premières, que « j'ai vu poser la première pierre du couvent et « que j'ai vécu de la vie de votre maison. Aussi « ces souvenirs me sont-ils plus chers que je ne « puis le dire.

« Ah ! sainte maison primitive, chère petite cha- « pelle où tant de grâces pleuvaient sur nous, où « plus d'une fois j'ai rempli les fonctions de sacris- « tain, combien je vous aime ! Combien je dé- « sire vous revoir, et, en attendant, avoir de vos « nouvelles ! »

Lorsque Dieu lui eut donné un fils, il tint en

grand honneur que la sainte religieuse voulut accepter la charge d'être devant Dieu et devant l'Église le témoin de l'enfant. Quand celui-ci eut atteint l'âge de la première communion, M. de Cissey voulut que son fils, disposé par les grâces les plus abondantes, ouvrit pour toujours son cœur à Jésus-Hostie et lui en fit un don parfait. Et c'est à Niederbronn qu'il espéra trouver pour son enfant toutes ces saintes faveurs. Il écrivit donc à la vénérable Supérieure :

« Ne pensez-vous pas, comme moi, que ce serait « une très bonne chose que de le conduire à Niederbronn faire cette première communion, dans « votre chère chapelle où tant de grâces nous ont « été accordées, où vous et vos chères filles avez « tant prié pour la guérison de sa mère, guérison, « vous ne l'avez pas oublié, obtenue à Fribourg par « un miracle.

« C'est dans cette sainte chapelle que cette guéri« son avait été instamment demandée, c'est dans « votre chapelle qu'ensuite nous en avons remer« cié Dieu ensemble et avec ce bon M. Marceau, « que vous n'avez pas oublié sans doute.

« Il me semble que c'est dans ces lieux, où « Dieu a manifesté si visiblement ses infinies mi« séricordes pour nous, que notre cher enfant « serait le mieux placé pour bien accomplir cette « action si importante, près de sa marraine, près de

« vos chères filles, dont les prières ne nous feraient « pas défaut.

« C'est dans votre chapelle que nous viendrions « le mieux reconnaître devant Dieu ses grâces ex« ceptionnelles pour nous. Ensuite, notre cher en« fant irait faire avec nous une communion d'actions « de grâces à Fribourg, là où la mère a été mira« culeusement guérie par M. Égler.

L'excellent père eut en effet le bonheur de voir ce fils, objet de tant de religieuses sollicitudes, faire sa première communion dans la chapelle si vénérée, à côté de la sainte marraine. Cette journée fut pour lui pleine des plus douces et des plus soudaines émotions; car la Divine Providence, pour augmenter son bonheur, en exerçant sa foi, l'avait éprouvé la veille par les plus vives alarmes. Voici l'incident qui menaça de changer en un deuil inoubliable un aussi grande fête.

Le lendemain de l'arrivée de la famille de Cissey à Niederbronn, cinq jours avant la cérémonie, l'enfant convié au céleste Banquet fut surpris par une oppression singulière, qui ne le laissait point respirer; il ne pouvait plus tenir dans son lit sa toux était continuelle; il étouffait. Cet état dura jusqu'au dix juillet, veille du jour fixé pour la première communion; malgré tous les soins du médecin, il s'aggravait plutôt qu'il ne diminuait.

Mme de Cissey pensait déjà que Dieu voulait lui

demander le sacrifice de son enfant dans les lieux où elle avait tant souffert. M. de Cissey n'attendait que du ciel la guérison de son fils. Le père et la mère ne cessaient de prier. Le dix juillet, M. le Curé de la paroisse vint confesser l'enfant dans son lit. Mais cette première communion aura-t-elle lieu au jour fixé ? Seule, la vénérable Supérieure qui attribuait au démon le dessein d'empêcher la cérémonie tant désirée, avait gardé une tranquille confiance ; et elle s'efforçait de la faire partager aux pieux parents.

Son espérance ne fut pas trompée : pendant la nuit l'oppression disparut ; le onze juillet au matin, l'enfant se leva dispos ; il put se rendre sans difficulté dans la chapelle du couvent. Lorsque le moment de la communion fut venu, la Mère Alphonse prit son filleul par la main, et le conduisit à l'autel pour recevoir à ses côtés le Dieu d'amour. L'émotion s'empara de tous les cœurs. Dans la vivacité de sa foi, l'heureux père disait : « Parce que nous avons « cru, Dieu, sans aucun mérite de notre part, a « suspendu les lois de la nature ainsi que celle de sa « justice, pour ne laisser parler que sa miséri- « corde. »

Après cette mémorable journée, M. de Cissey ne devait plus revoir ici-bas la sainte religieuse, qui était à ses yeux l'ange tutélaire de sa famille. Elle mourut au mois de juillet 1867, laissant une mémoire vénérée. A cette nouvelle, il épanchait dans une lettre de condoléances, empreinte de la plus tendre piété, sa tristesse et ses regrets. Elle est adressée à une des plus anciennes compagnes de la Révérende Mère Alphonse :

Ma chère Sœur,

« J'ai ressenti avec trop de vivacité la perte de « notre bien chère Mère Alphonse ; je me suis trop « bien uni à la douleur de toutes ses chères filles « et particulièrement de celles qui la connaissaient « depuis plus longtemps, pour ne pas venir associer « ma tristesse à la vôtre. Je vous adresse tout par- « ticulièrement mes regrets, vous qui, depuis l'en- « fance, avez connu cette chère Mère, vous qui vous « êtes réunie à elle depuis la fondation de la mai- « son, dont sœur Madeleine nous a si souvent ou- « vert la porte pour aller prier dans l'humble « chapelle.

« Malgré la mort de la chère Supérieure, j'espère « que vous continuerez de prier pour nous, pour « mes enfants, comme autrefois. Vous savez que « j'ai reçu de la chère Mère les médailles de saint « Alphonse et de sainte Térèse, vous connaissez « celle que je n'ai cessé de porter à mon chapelet et « que j'ai chaque soir sous les yeux, en priant pour « notre chère Communauté de Niederbronn et pour « vous particulièrement, ma chère sœur.

« Notre Révérende Mère Alphonse n'a plus be-
« soin de nos prières. Cependant il me semble que
« nous devrions à présent demander chaque jour à
« Dieu, non seulement qu'il bénisse à jamais sa fon-
« dation, mais qu'il veuille bientôt nous accorder
« sa glorification ici-bas, comme il la lui a accordée
« déjà dans les cieux.

« Sans des circonstances fâcheuses pour moi et
« qui sont de véritables épreuves, auxquelles je ne
« m'attendais pas, je serais allé prier près du tom-
« beau de notre chère Mère et recueillir de la bouche
« de celles de ses filles, qui ont eu le bon-
« heur de l'entourer à ses derniers jours, quelques
« détails sur sa fin bienheureuse; mais cela m'est
« interdit, et c'est une épreuve ajoutée à d'autres;
« mais dès que j'en pourrai sortir, j'en profiterai
« bien vite pour aller à Niederbronn.

« Priez donc bien pour nous, ma chère sœur,
« pour moi particulièrement qui en ai tant besoin.
« La vie du monde éloigne autant de Dieu que la
« vôtre y ramène. Je me recommande bien à vous
« du fond du cœur, en vous priant d'agréer les
« profonds respects de votre tout dévoué dans les
« Cœurs de Jésus et de Marie.

LOUIS DE CISSEY.

Les pieux souvenirs qu'il avait reçus de la vénérable Supérieure, et que sa reconnaissance aime à

rappeler, ne le quittèrent jamais. On pouvait le rencontrer dans son salon, dans la cour de son château, en chemin, quelquefois dans ses vignes, tenant à la main son chapelet orné des médailles chéries ; il le pressait encore entre ses doigts à ses derniers jours et il l'emporta dans la tombe, espérant qu'il lui ouvrirait la porte du Ciel.

CHAPITRE IV.

Relations de M. de Cissey (suite). — Voyage à Fribourg-en-Brisgau. — M. Égler. — Une guérison extraordinaire. — Rapport avec M. le baron Théodore de Bussières. — M. Théophile Foisset.

Dans une des lettres de M. de Cissey à la R^{de} Mère Alphonse, nous avons remarqué que la pieuse famille voulait aller à Fribourg-en-Brisgau « pour faire dans cette ville, où Mme de Cissey avait été guérie miraculeusement par M. Égler, une communion d'actions de grâces. » C'était aussi un excellent chrétien que M. Égler; il tenait une grande place dans les plus chers souvenirs de M. de Cissey. Et les deux voyages que notre pèlerin fit à Fribourg, en nous faisant connaître l'état de son esprit, la direction de ses pensées, forment un des épisodes les plus intéressants de sa vie.

Pendant le séjour du président des conférences à Niederbronn, en 1850, la renommée des hautes vertus du fervent catholique de Fribourg était parvenue jusqu'à lui. M. Égler, ancien Secrétaire du grand duc de Bade, était né dans le protestantisme. Une longue maladie l'avait ramené à Dieu. Dans les souffrances, les hommes au cœur simple et à la volonté droite, ouvrent plus aisément les yeux à la lumière de la foi. Depuis le jour de sa conversion, il avait fait de sa vie un mouvement ascensionnel dans la piété; il se distinguait surtout par une foi très vive et l'efficacité de ses prières. « Il guérissait les corps, disait M. de Cissey, comme la Mère Alphonse guérissait les âmes. » Des cures innombrables étaient attribuées à la puissance de ses prières : des boiteux des aveugles, des paralysés avaient retrouvé près de lui l'usage de leurs membres. Une femme atteinte par un cancer, qui avait rongé une partie de la figure, avait eu la joie de voir son mal subitement guéri par la vertu des prières du saint homme. Une effroyable cicatrice, qui avait pris en quelque sorte le mal sur le fait, attestait seule quelle en avait été la gravité. Tel était le renom de sainteté de M. Égler, qu'on l'appelait communément le « Thaumaturge. »

M. de Cissey, obéissant à son attrait habituel, voulut voir le saint homme, l'entendre et prier avec lui. Contempler la physionomie d'un saint, voir de ses yeux des miracles, des merveilles de la grâce, c'était pour notre pieux catholique la suprême jouissance; il se sentait fait pour vivre dans cette société et dans ce monde, et il les recherchait. D'ailleurs la vénérable Supérieure de Niederbronn l'avait engagé à recourir à M. Égler pour obtenir la guérison de Mme de Cissey, lui promettant le concours de ses prières. M. de Cissey et sa digne compagne arrivèrent à Fribourg le 26 novembre; leur premier soin fut d'aller prier dans la cathédrale, chef-d'œuvre du XIIIe siècle; ensuite ils se presentèrent chez M. Égler, accompagnés d'un père Jésuite qui devait leur servir d'interprète.

« On nous introduisit ensemble, écrivait M. de « Cissey, dans un cabinet simple et petit, mais orné « de tableaux de dévotion fort saisissants. Au-dessus « du bureau était notamment une *Mater dolorosa* « et une tête de Christ couronné d'épines, dont la vue « excitait une vive émotion. M. Égler nous fit asseoir « avec bonhomie, et s'informa du but de notre visite. « Ah oui! reprit-il, il vient ici beaucoup de malades; « tous ceux qui ont demandé leur guérison avec foi « l'ont obtenue; mais la foi est nécessaire, sans la « foi toute prière est inutile; tandis qu'avec elle « il n'est pas de maladie dont on ne puisse à l'instant « être délivré. » Puis, avec une simplicité qu'il « savait rendre gracieuse, il nous rappela sans « aucune emphase le récit des Évangélistes : Comment Notre-Seigneur avait exaucé ceux qui l'a« vaient imploré avec une grande confiance. Il deman« da à Mme de Cissey si elle avait la foi qui soulè« verait une montagne et si elle voulait fermement « ce qu'elle demandait à Dieu? celle-ci répondit « d'une façon très résolue : « oui, je crois, j'ai la fer« me espérance que Dieu me guérira. » Oh! dit-il « alors avec accent joyeux que je n'oublierai de ma « vie, puisque cette bonne dame a une foi si robuste

« qu'elle croit fermement qu'elle va obtenir sa gué-
« rison et qu'elle veut résolument que Dieu la lui
« accorde, elle l'aura. »

L'attitude de ce saint homme, son langage simple et pénétrant, qui apportait avec lui la conviction, ravirent les pieux visiteurs ; ils étaient pleins de confiance, et leur confiance était partagée par le vénérable religieux qui leur servait d'interprète. Sur l'invitation de M. Égler, ils se mirent à genoux pour demander à Dieu la guérison. Mme de Cissey trop faible pour s'agenouiller dût rester assise. Alors l'homme de Dieu fit à haute voix une supplication fort touchante et très convenable, telle que tout chrétien doit la faire pour obtenir un bien temporel. Cette prière était à peine terminée, qu'il vint prendre les mains de Mme de Cissey et, se tournant vers le père Jésuite : « Que je suis heureux, dit-il avec un accent de vive satisfaction, du succès mérité par la foi de cette dame. Félicitons-la tous ensemble de ce qu'elle a eu la grâce de vouloir résolument. » « Oui, je suis guérie, s'écrie avec un transport de joie la pieuse dame, je ne sens plus aucun mal ! » Elle se lève, elle marche d'un pas ferme et agile, elle se met sans peine à genoux, elle ne sent plus aucune douleur, aucune incommodité, la maladie que les médecins avaient déclaré incurable a tout à fait disparu.

Quand il se vit soudain transporté dans ce monde surnaturel où sa pensée se plaisait tant à habiter,

M. de Cissey, malgré son vif esprit de foi, ne put maîtriser son émotion; il versa d'abondantes larmes de joie. Toutefois, sans prendre le temps de jouir en liberté de leur bonheur, ils tombèrent *tous* à genoux, et ils récitèrent à haute voix et avec effusion le *Te Deum* en actions de grâce. Puis M. Égler dit à Mme de Cissey, en quittant les heureux pèlerins : « Allez, vous êtes guérie ; votre foi simple, comme celle des femmes de l'Évangile, vous a sauvée. Ne permettez jamais au démon de jeter un doute sur la guérison complète que Dieu vous a accordée. S'il vous est donné d'être mère, élevez pour Dieu vos enfants. »

Nous pouvons rendre ce témoignage à la noble famille : Elle n'a jamais douté ; elle a toujours admiré dans cette guérison, suivant les paroles de M. de Cissey, « une intervention particulière du Dieu de toute bonté qui avait fait éclater une fois de plus sa miséricorde sur ceux qui croient en lui. » Puis la fermeté de l'esprit de foi s'est toujours unie chez les pieux parents à la reconnaissance la plus fidèle pour rendre efficace la dernière recommandation de l'homme de Dieu. C'est ainsi que, quatorze ans après cette guérison extraordinaire, alors que M. Égler était mort depuis quelques années, M. et Mme de Cissey amenèrent à Fribourg-en-Brisgau le fils que Dieu leur avait donné, afin de faire ensemble une communion d'actions de grâces dans le lieu même où ils avaient reçu une aussi précieuse faveur.

Le séjour de M. de Cissey en Alsace devint encore pour lui l'occasion d'entrer en rapports avec un autre catholique, dont la foi ardente avait mérité toutes ses sympathies ; ce nouvel ami était M. le baron Théodore de Bussières. Il demeurait dans le voisinage de Niederbronn. On sait qu'il fut l'instrument très actif de la Providence pour la conversion de M. Alphonse Ratisbonne, dont il a laissé un édifiant récit. Lui-même avait renoncé au protestantisme pour se faire catholique. Quand la vérité triomphante de l'Église se fut révélée à son esprit, il l'honora avec une persévérance invariable par sa piété, son zèle et ses écrits.

M. de Cissey se sentit porté par une puissante attraction vers ce grand chrétien ; il lui fit plusieurs visites, quelquefois en compagnie du capitaine Marceau. Alors c'était vraiment une scène des plus rares et des plus édifiantes que la conversation de ces trois catholiques remplis de la même ardeur pour la vérité et pour le bien ; tous avaient eu le bonheur d'avoir été les coopérateurs des triomphes les plus éclatants de la grâce ou les témoins ravis des manifestations surnaturelles de la puissance divine. Aussi les événements religieux, les saints, les miracles, l'Église, Notre-Seigneur, faisaient les sujets ordinaires de leurs entretiens. Dans cette compagnie d'élite, la ferveur de M. de Cissey s'animait ; il recueillit avec une singulière émotion, de la bouche même de de Bussières, tous les détails de la merveilleuse conversion de M. Alphonse Ratisbonne : il apprit que le pieux prosélytisme de M. de Bussières avait préparé l'entrée du jeune israélite dans la grande famille catholique, qui est la vraie postérité d'Abraham, en lui faisant promettre de réciter chaque jour le *Memorare* et de porter la Médaille miraculeuse. Ce récit, palpitant des ardeurs de la foi et des plus chers souvenirs, produisit sur le futur apôtre une profonde impression ; il affermit dans son cœur cette grande et vive confiance en la Sainte Vierge qui devait un jour rayonner dans ses discours et soutenir son zèle dans la propagation de l'Œuvre Dominicale.

Cependant, de toutes les amitiés de M. de Cissey, aucune ne présenta une convenance et une sympathie plus complètes que celle qu'il contracta avec M. Théophile Foisset. Fondée sur une estime réciproque et éprouvée depuis longtemps, la liaison entre les deux honorables familles était passée en héritage. Mais le zèle de M. Théophile Foisset pour la défense et la gloire de l'Église, ses vastes connaissances théologiques et la dignité de sa vie furent, aux yeux de M. de Cissey, les titres les plus légitimes à son affection. Une lettre très intéressante de M. Frédéric Ozanam au célèbre écrivain, qui trouve ici sa place, nous fait connaître la haute considération dont jouissait M. Foisset dans le monde catholique.

« Dans ces courts instants que j'ai passés à Bligny,

écrit-il à son digne ami, en vous voyant entouré de cette pieuse et tendre famille, si aimé de tout le monde, si voué à tous les intérêts publics, joignant à vos laborieuses fonctions le soin de tant de bonnes œuvres, et trouvant encore tant d'activité pour les rapports de l'amitié, tant de loisirs pour les lettres, je crois avoir une image d'un autre temps : quelqu'un de ces magistrats du dix-septième siècle, avec leur maison patriarcale et leur cabinet de savant, l'exemple d'une vie comme il n'y en a pas autour de moi, et comme je voudrais la mienne, pleine de choses et non de paroles. Ce souvenir, avec la belle nuit qu'il faisait, avec votre jardin vu aux flambeaux, avec cette religieuse chapelle où nous priâmes ensemble, forme une des plus heureuses impressions de voyage que j'aie jamais remportée dans mon cœur (1). »

C'était avec ce magistrat éminent, qui rappelait les Molé et les d'Aguesseau, que M. de Cissey entretenait les relations les plus cordiales. La solide piété des deux amis, qui se révélait et s'affermissait mutuellement par une intime fréquentation, maintint jusqu'au dernier jour ces heureux rapports dans des habitudes réciproques d'entière confiance et de respect. Toutefois, Louis de Cissey attribuait humblement au célèbre écrivain, qui était président gé-

(1) Lettres de Frédéric Ozanam, 1845.

néral des conférences de saint Vincent de Paul en Bourgogne, une sorte d'autorité tutélaire, que celui-ci d'ailleurs avait rarement l'occasion d'exercer.

Quand ils se voyaient ou qu'ils s'écrivaient, aux époques mémorables de la vie, c'était pour eux l'occasion d'épanchements pleins de foi, de conseils, de confidences et de souhaits pieux. A l'occasion du mariage de son ami, M. Foisset lui transmit ses vœux : « Soyez heureux, mon cher ami, soyez-le bien longtemps, soyez-le toujours. Restez fidèle à Dieu, à vos souvenirs d'enfance, à vos traditions domestiques. »

Lorsque M. de Cissey, après dix ans de prières, eut le bonheur d'avoir un fils, son digne ami s'associa avec un religieux transport à la joie des parents : « A mon retour de Besançon, je trouve votre lettre. Alleluia ! Alleluia ! Veuillez dire à Mme de Cissey combien je prends part à sa joie. Cet enfant vous est donné de Dieu. » Même joie et même reconnaissance à la naissance du second enfant : « Celui qui est le Puissant par excellence a fait pour vous de grandes choses ; et cette petite fille est une grâce ajoutée à toutes les autres. Nous remercions Dieu avec vous, nous félicitons la mère ; Mme Foisset est de moitié pour le moins dans ma joie. »

Comme cette amitié venait de Dieu et allait à Dieu, nous trouvons dans les lettres de M. de Cissey la même effusion de pieux sentiments. Il avait conduit son fils, alors agé de cinq ans, en pèlerinage : « Nous avons mené hier Joseph en pèlerinage à Notre-Dame de Fourvières. Il est difficile de gravir la sainte colline sans émotion et sans prendre de bonnes résolutions. La conférence de saint Vincent de Paul ne peut être oubliée : j'ai prié tout spécialement pour mes confrères et leur cher président. »

On comprend que les épreuves de l'Église aient excité chez les deux amis un parfait accord dans le dévoûment filial. En 1860, lorsque les catholiques cherchaient à procurer au Souverain Pontife les ressources nécessaires pour lui permettre de repousser l'invasion sacrilège des États de l'Église, M. Foisset se trouva naturellement appelé à solliciter et à recueillir, en Bourgogne, les offrandes des familles dévouées. Il ne manqua pas de signaler à son ami le nouveau tribut de fidélité que les catholiques se préparaient à payer au Pontife romain.

En ce moment, M. de Cissey faisait reconstruire son château et, sur l'avis pressant de l'architecte, il avait adopté le plan le plus convenable, mais le plus coûteux. Pendant que les travaux de reconstruction s'exécutaient, il fut impliqué dans des arrangements imprévus d'affaires de famille, qui l'obligèrent à une énorme dépense. Ce concours de circonstances avait réduit ses ressources à de modestes proportions, lorsqu'il reçut la demande de secours en faveur du Souverain Pontife. Le dévoué catholique, s'imposant aussitôt de vraies privations, parvint à donner une somme considérable. Mais ce n'était point assez pour son cœur; après avoir révélé avec une simplicité et des regrets très édifiants les causes qui l'empêchaient de donner davantage : « Pour le Saint-Père, ajoutait-il, la maison fut restée sur le second plan, car à Rome est la pierre angulaire. »

Voici l'épanchement d'un cœur ému, modéré, suivant l'habitude, par un ferme esprit de foi.

« Mon cher Président,

« Je vous remercie pour ma sœur, pour les enfants et pour moi de la part que vous prenez à notre deuil si légitime (1). Mon beau-frère était un homme de bien, dévoué, inflexible avec le mal. Il eut pu avec un mérite incontestable, exercer une influence plus étendue; mais ses goûts essentiellement modestes le disposaient surtout à la vie de famille. Il lui est enlevé à quarante-sept ans.

Nous avons bien peu vécu encore, et cependant que d'êtres chers nous ont quittés déjà ! C'est bien en toute vérité que Notre-Seigneur a dit : Heureux ceux qui laissent tout pour moi (2) ! oui, ceux-là ont la vie légère. Pour nous qui vivons dans les liens de la famille, des chères amitiés, que de dé-

(1) La mort de M. Charodon.
(2) Saint Luc, XVIII, 29, 30.

chirements et de vues brusquement interrompues!

Mon beau-frère est mort calme, résigné, en chrétien parfait, comme il avait toujours vécu. Mais il avait, je crois, une profonde douleur de laisser ses enfants sans guide. Cette mort m'a vivement impressionné... Hélas! me suis-je dit souvent pendant ces jours, si j'eus été à sa place, que deviendraient mes pauvres enfants? qui aiderait leur mère d'un conseil utile? Cette pensée du délaissement où seraient nos enfants nous importune souvent, ma femme et moi, et nous nous disons que celui qui a été si utile au père, celui-là seul serait encore assez dévoué pour servir de guide à nos enfants.

Je ne sais ou me mène ce triste retour sur une mort si récente. Je veux pourtant vous dire tous les vœux les plus sincères et les plus affectueux qui ont été formés pour vous et les vôtres dans notre solitude, où nous nous entretenons si souvent de vous. Il me semble qu'à mesure que le nombre de nos amis décroît, nous aimons plus vivement ceux que Dieu nous conserve.

Croyez bien, mon cher Président, à l'attachement le plus dévoué et le plus respectueux de votre bien affectionné en N.-S. J.-C. »

M. Foisset, quand les épreuves le visitaient, cherchait aussi un appui et des consolations auprès de son pieux voisin. Il jouissait alors du secret contentement d'avoir vécu fidèle dans son amitié. Citons une de ses dernières lettres, écrite dans un jour de douloureuse inquiétude :

« Les Carmélites de Beaune, écrivait-il, font en ce moment au tombeau de la vénérable Marguerite du Saint-Sacrement, à l'intention d'obtenir la guérison de ma pauvre femme, une neuvaine qui se terminera mardi, fête de Notre-Dame. du Mont Carmel. Vous voulez bien que nous nous recommandions, en cette occasion, à vos prières et à celles de Mme de Cissey et de vos enfants.

Plus je vieillis, plus je m'attache à mes anciens souvenirs. Je me rappelle M. votre grand-père. Ce sont ces vieilles relations qui avaient enhardi mon père à demander pour mon parrain M. de Cissey, qui a toujours eu les plus grandes bontés pour moi. — Vous savez comment, vous et moi, nous avons vécu ensemble. Je vous demande pour Paul la continuation de vos amitiés. Les familles chrétiennes ne sauraient trop se serrer les unes contre les autres ; car si Dieu envoie à son Église des consolations inconnues aux temps qui nous ont précédés, il lui envoie aussi de grandes épreuves et de grands combats. »

En lisant la correspondance des deux célèbres catholiques, nous avons pensé par une association naturelle de souvenirs, — car nous avons trouvé une similitude de sentiments, — aux dispositions de saint

François de Sales pour ses amis. « J'ai l'affection fort tenante, disait le saint Évêque de Genève, et presque immuable à l'endroit de ceux qui me donnent le bonheur de leur amitié (1). Il n'y a personne au monde qui ait le cœur plus tendre et plus affectionné pour ses amis que moi, ni éprouve des sentiments plus vifs de leur séparation (2). »

Ainsi les deux fervents chrétiens, par une vertueuse et constante liaison, telle que la conseillent les Livres-Saints, se soutenaient l'un et l'autre dans les épreuves, s'animaient mutuellement aux pratiques de piété et à l'exercice des bonnes œuvres; ils se tenaient par la main, si nous pouvons ainsi dire, pour franchir avec plus de sûreté les sentiers si périlleux de la vie et pour rester fidèlement attachés au service de la vérité et de la justice, qu'ils voyaient avec amour régner dans l'Église.

(1) Lettre LXI.
(2) Lettre CCCLXXXIX.

CHAPITRE V.

La « Vie de la vénérable Marguerite du Saint-Sacrement. » — Activité de M. de Cissey. — Œuvres diverses de charité.

La correspondance de M. de Cissey, ses allocutions aux confrères des conférences de saint Vincent de Paul et ses rapports à la Société d'histoire et d'archéologie de Chalon, nous révèlent chez lui un esprit très cultivé et de sérieuses connaissances littéraires. Il aimait l'étude, et il lui consacrait tout le temps que lui laissaient l'administration de ses affaires et les convenances de son rang.

Mais les merveilles de la grâce, dont il fut témoin à Niederbronn, et ses étroites relations avec le commandant Marceau, déterminèrent dans sa vie un mouvement plus accentué vers les choses de la religion. Ses communions devinrent plus fréquentes, ses exercices de piété plus multipliés ; ses lectures lui offraient peu d'intérêt, si elles ne lui apparaissaient sous un reflet de la foi. Dans cette disposition d'esprit, il voulut satisfaire ses pieuses inclinations, tout en donnant un but à son amour pour l'étude. C'est ainsi qu'il se proposa d'écrire la vie de la vénérable Marguerite du Saint-Sacrement.

Plusieurs raisons l'avaient engagé à composer de préférence cette biographie. La sainte Carmélite était une compatriote: Elle était née à Beaune, berceau de la famille de Cissey, et avait passé sa vie dans le monastère de cette ville, où elle mourut en 1648. Tous les saints appartiennent, il est vrai, à la grande patrie des âmes, qui est l'Église catholique; mais comment se défendre d'une certaine prédilection pour ceux qui ont édifié notre pays et qu'il a eu la gloire de produire? La plume de l'hagiographe s'arrête toujours avec une complaisance plus attentive sur leur histoire.

Puis, il ne pouvait considérer, sans un profond sentiment de tristesse et de respect, les vénérables débris de ce couvent du Carmel, où tant de pieuses Cénobites s'étaient exercées à la sainteté ; il était ému en voyant transformé et mutilé le sanctuaire que Notre-Seigneur avait, par des prodiges si éclatants, environné de tant de gloire. Le souvenir même de la vénérable Marguerite et le culte de la Sainte Enfance, sans avoir pourtant disparu, n'excitaient plus les pieuses et imposantes manifestations d'autrefois. M. de Cissey l'avait remarqué avec regret : « Qui sait, « écrivait-t-il, que toute la France avait, il y a deux « siècles, les yeux fixés sur ce monastère? Qui sait « que les portes, aujourd'hui scellées, de cette « église s'ouvraient alors sans cesse béantes, devant

« la foule innombrable des pèlerins, et que les rois « eux-mêmes venaient, dans toute la pompe de leur « majesté, s'agenouiller sur ces dalles pour vénérer « les restes d'une des humbles filles qui ont habité « ces lieux ? »

La reconnaissance, le zèle et un vif attrait pour les monuments religieux du passé s'unirent de concert dans le cœur du pieux gentilhomme pour lui inspirer la pensée d'écrire la vie de la sainte carmélite.

Cette vie nous présente une suite de merveilles des plus extraordinaires, telles que nous en trouvons rarement d'aussi ravissantes dans les annales de la Sainteté. Dieu avait favorisé l'humble religieuse du don singulier et très glorieux de retracer, dans sa courte existence de vingt-neuf ans, les différents états du Verbe Incarné sur la terre. Ces sortes de transformations s'exprimaient dans la voix, les actions, l'attitude et jusques sur la figure de la sainte carmélite, au point que ses compagnes hésitaient quelquefois à la reconnaître.

Elle était enflammée du zèle le plus ardent pour la conversion des pécheurs ; et la malice du péché, lui apparaissant dans toute sa gravité, inspirait à la digne fille de Sainte-Térèse la plus pénible horreur ; alors elle tombait en agonie, comme Notre-Seigneur, à la pensée des iniquités du monde ; ensuite elle offrait à Dieu, pour les réparer, des mortifications continuelles. Parce qu'elle était douée du don de discernement des esprits, elle trouvait de trop nombreuses occasions de s'immoler ainsi en victime expiatoire. Ajoutant à ces pénitences volontaires, Dieu lui fit sentir nettement et distinctement sur les membres les tourments de la Passion.

Après avoir fait goûter son calice d'amertume à cette généreuse amante de la croix, Notre-Seigneur l'associa, dès cette vie, aux gloires de sa Résurrection. En effet, elle jouit sur cette terre de toutes les qualités des corps glorieux. Dans ces différentes transformations, la vierge du Carmel ne s'appartenait plus : elle n'avait d'intelligence que pour penser à Jésus et avec Jésus, et de volonté que pour lui être soumise. Le Divin Maître régnait avec un tel empire sur toutes les facultés de sa fidèle servante, qu'elle paraissait ne plus avoir le domaine de ses actes.

Mais c'était principalement au culte de la Sainte Enfance qu'elle s'était consacrée. Notre-Seigneur se faisait voir à l'humble religieuse, tel qu'il était au jour de sa naissance, de sa Circoncision, de sa Présentation au Temple et de ses entretiens enfantins avec la Sainte Vierge et saint Joseph. En cet état, il lui annonçait ses promesses, faisait connaître ses volontés et accordait les grâces qu'elle lui demandait. Par un prodige inoui, peut-être, Dieu ornait quelquefois la sainte carmélite de la physionomie et des grâces de l'Enfant Jésus.

La Vénérable deploya le zèle le plus ardent à propager la dévotion au « Petit Roi de gloire », comme elle aimait à l'appeler. Si elle n'a pas révélé cette dévotion à la Sainte Enfance, elle a du moins le plus contribué à la faire connaître. C'est elle qui a institué au Carmel de Beaune *l'archiconfrérie de la Sainte Famille du Saint Enfant Jésus.*

La renommée d'une vie si merveilleuse s'étendit bien au delà des limites du monastère et de la ville de Beaune; elle remplit toute la Bourgogne. A la mort de la Vénérable, Mgr d'Attichy, Évêque d'Autun, vint à Beaune, fit lui-même une enquête sur les fait surnaturels attribués à l'humble fille du Carmel, recueillit les dépositions des compagnes de Sœur Marguerite, et les ratifia après un rigoureux examen.

Telle est la vie que M. de Cissey a fait connaitre. Pour la raconter, il mit à profit les précieux documents que le monastère a conservés, comme son plus cher trésor; il les compléta par de nouveaux et judicieux renseignements sur la famille, l'enfance et les miracles de l'humble carmélite, et à la fin du livre il publia ses écrits.

Dans son récit, le pieux historien s'est moins attaché à l'ordre chronologique qu'à celui des faits. Ce plan est rationnel: il fallait retracer l'histoire d'une âme; car dès les premières années de profession, la vie tout intérieure et uniforme de Sœur Marguerite offre un ensemble de prodiges qui se rattachent rarement à la succession des événements du dehors.

D'après le jugement d'un ancien professeur de belles-lettres, ce livre est écrit avec une grande distinction de style ; ajoutons qu'il respire une piété affectueuse en complète harmonie avec le sujet. Chose remarquable, il n'est échappé à la plume du pieux laïque, dans le récit d'une vie aussi merveilleuse et de manifestations aussi extraordinaires et aussi ardues, aucune expression qui puisse offenser lu pureté doctrinale. Un théologien eut pénétré et et décrit peut-être avec plus de précision les opérations extraordinaires de la grâce et mis en plus grande évidence la conformité de la vie de la Vénérable, dans la réalité de l'existence, avec celle du Sauveur ; mais nous doutons qu'il eût répandu sur le récit plus de charme et d'onction.

Quelques invocations placées à la fin des chapitres nous montrent sous quelle influence l'auteur écrivait ces belles et édifiantes pages : ce sont des élans enthousiastes de l'âme, des aspiration ardentes, composées d'admiration, d'amour et de désirs, vers l'Auteur de tout don parfait, le conjurant d'accorder les grâces qui font les Saints.

M. de Cissey eut la délicate pensée de dédier son œuvre au Comte de Montalembert. L'illustre Auteur de la *Vie de sainte Elisabeth* remercia son ancien ami, en agréant la dédicace, par cette précieuse lettre :

« Je serai heureux d'apprendre par vous la vie de « la sainte religieuse dont vous me parlez, heureux « surtout de voir mon nom associé au vôtre dans « une œuvre si méritoire et dont je connais par « expérience toutes les difficultés.

« ..... Je vous remercie d'avoir pensé à moi et « de m'avoir fourni cette occasion de vous dire que « je conserve le souvenir le plus affectueux de nos « relations d'autrefois. C'est l'appui, ce sont les en- « couragements d'âmes telles que la vôtre, qui m'ont « donné la force et le droit de faire le peu que j'ai « fait pour le service de la justice et de la vérité. »

Agréez, Monsieur et cher ancien collaborateur, la sincère assurance de mon fidèle dévoûment et de mon affectueuse considération.

CH. DE MONTALEMBERT.

Le livre parut muni des approbations de nos Seigneurs les Évêques de Dijon, d'Autun et de Mgr de Salinis, ancien professeur de M. de Cissey. Cette publication fut le signal d'un retour marqué à la dévotion à la Sainte Enfance. C'était là le désir le plus sincère de l'historien de la Vénérable Marguerite du Saint-Sacrement.

L'amour de l'étude et des belles-lettres s'alliait chez M. de Cissey à une grande activité dans l'administration des affaires. Il ne se déchargeait sur personne du soin d'administrer ses propriétés, au profit de travaux plus conformes à ses inclinations. Esprit bien équilibré, prompt et clairvoyant, il trouvait le temps pour tout. La diversité des occupations ne lui causait ni trouble ni embarras; toujours maître de lui-même, il passait de l'une à l'autre avec le même élan et une égale liberté d'esprit. Dès quatre heures du matin, heure habituelle de son lever, jusqu'à dix heures du soir, il restait toujours dispos et toujours occupé. Personne dans la maison ni dans le village ne le devançait dans l'accomplissement de sa tâche.

Il aimait passionément la terre natale; parce qu'il y trouvait le souvenir de ses ancêtres, leurs vertueuses traditions et des occasions de travail, elle était pour lui une source de charmes. Il connaissait les époques et la manière de cultiver un champ, la valeur des produits, les moyens de les améliorer et de les accroître. On eut trouvé peu d'agriculteurs aussi habiles que lui dans l'art d'administrer un domaine. Observateur attentif et perspicace, il était peu pressé d'appliquer une nouvelle méthode de culture, de tirer une conclusion; s'il se défiait de la routine, il se tenait aussi en garde contre l'attrait des innovations : il examinait un projet sous tous les rapports, et avant de le mettre entièrement en pratique, il attendait avec une sage lenteur le résultat d'un essai partiel.

Pour améliorer l'héritage paternel, il entreprit des travaux de drainage sur une grande étendue de vignes, il en surveilla l'exécution avec autant de tact que d'intelligence, écoutant volontiers un conseil, le discutant avec calme et bonté, admettant sans hésiter ce qui lui paraissait juste ou vrai et laissant toujours les ouvriers bien satisfaits.

Quand il dirigea la reconstruction de son château, il fit preuve de la même habileté et de rares connaissances techniques; quelquefois dans les travaux compliqués de la menuiserie, il mettait la main à l'œuvre, et cela avec une dextérité et une justesse qui étonnaient les ouvriers. Mais il se réserva absolument le soin de restaurer l'intérieur de sa chapelle. Ce fut une heureuse inspiration, car les belles peintures murales qui décorent ce sanctuaire attestent que l'esprit de foi du châtelain était secondé par un réel talent d'artiste.

Ce qui explique cette constante activité chez M. de Cissey, c'est qu'il s'était formé du travail un concept très élevé : il n'y voyait pas seulement une condition de succès, un moyen de devenir savant ou d'agrandir une fortune, mais surtout un élément de formation intellectuelle et morale; il voyait dans le travail une fonction de la vie, une vertu, un principe de progrès personnel; tandis qu'un grand nombre ne l'accepte que comme une préparation, un acheminement aux honneurs et aux grandes situations, avec l'arrière-pensée de se procurer ensuite, pour suprême récompense, des jours de labeurs, les jouissances d'une vie oisive.

Attaché, comme il l'était, à son pays, M. de Cissey rechercha tout ce qui pouvait contribuer à sa prospérité. Il fut pendant quelques années conseiller de l'arrondissement de Beaune, et pendant 17 ans maire de la commune de Merceuil, dont le hameau de Cissey fait partie. La paroisse était privée de pasteur, parce qu'elle n'avait pas de résidence curiale. Cette situation préoccupait depuis quelques années M. de Cissey ; aussi quand il fut nommé maire, il s'empressa d'acheter une maison pour en faire le presbytère ; la dépense s'éleva à six mille francs, M. de Cissey donna une égale somme.

Il comprit, un des premiers, la grande utilité des Sociétés de secours mutuels. L'ouvrier des champs, comme l'artisan des villes, est bien faible pour lutter seul contre les épreuves inhérentes à sa situation ; son isolement le livre avec sa famille à la merci de mille accidents, qui anéantissent souvent les ressources amassées au prix d'une année de labeurs. La charité privée apporte, il est vrai, ses secours ; mais, si active qu'elle soit, elle ne peut réparer les pertes causées par la longue maladie ou la mort d'un chef de famille, ni rassurer l'ouvrier contre les menaces de l'avenir. L'association mutuelle plus durable dans ses œuvres, est encore plus efficace dans ses secours; unissant par un pacte fraternel un certain nombre de travailleurs, elle leur impose, dans des conditions déterminées, l'obligation de se donner une réciproque assistance, d'alimenter par une cotisation annuelle une caisse commune et de remplacer dans son travail le frère malade ou infirme. L'ouvrier, ainsi entouré et soutenu par l'association, envisage l'avenir avec plus de sécurité ; son courage s'affermit, au jour de l'épreuve ses ressources restent à peu près intactes et ses douleurs sont adoucies.

Ce sont les bienfaits de cette assurance mutuelle contre les maux de la vie que M. de Cissey procura aux habitants de sa commune. Il rédigea lui-même les statuts de l'association; ils sont exposés avec une netteté et une précision qui préviennent toute incertitude; tous les cas sont prévus, et toutes les prescriptions tournent à l'avantage du travailleur. Esprit de foi, de justice et de concorde, rectitude de jugement, le règlement reflète toutes ces qualités si précieuses dans la conduite de la vie. Aussi il a servi de modèle pour la fondation d'autres Sociétés.

Le dévoué fondateur plaça l'association sous le patronage de saint Vincent, diacre et martyr, et de saint Bernard, abbé de Clairvaux. Elle en devait chaque année, aux termes du règlement, célébrer la fête. M. de Cissey n'oubliait rien pour donner à ces solennités le plus grand éclat ; c'était toujours chez lui la même pensée dominante : il fallait que la religion en tout et partout occupât le premier rang, qu'elle fut l'âme de toutes les institutions. Nommé par la reconnaissance Président de la Société, il apporta une riche offrande pour en constituer le premier fonds, ensuite sa cotisation annuelle contribuait largement à alimenter la bourse commune.

Quelques années après cette fondation, une terrible calamité en faisant subir la plus rude épreuve à la Société charitable, mit en évidence sa grande utilité et le dévoûment de son fondateur. En effet, un épidémie cholérique, dont on n'a pu expliquer l'origine, se déclara dans la commune de Merceuil. Le hameau de Cissey fut particulièrement éprouvé : sur deux cent vingt-six habitants on compta soixante-quatorze malades, et en deux mois la population fut presque décimée.

Au milieu de la terreur générale, M. de Cissey garda toute sa présence d'esprit. Il fit venir de Beaune, pour soigner les malades, deux Filles de la Charité ; pendant un mois, il leur donna dans son château la table et le logement. Dès qu'on eut appris la présence de ces saintes filles dans le hameau, la terreur se dissipa comme par une merveilleuse vertu ; le redoutable fléau parut conjuré. M. de Cissey les introduisait dans les familles atteintes par l'épidémie et s'empressait de procurer les remèdes nécessaires ; calme et le cœur à l'aise au milieu du danger, il faisait lui-même de fréquentes visites aux cholériques, sans oublier quelques secours. Sur sa recommandation personnelle, M. le Docteur Trossat, de saint Loup-de-la-Salles, visitait les malades deux fois par jour.

Quand tout danger eut disparu, M. le Maire voulut, par un sentiment de généreuse délicatesse, que la reconnaissance des habitants pour le dévoué et habile docteur eut le caractère d'une manifestation générale. Dans ce but, il provoqua une souscription dont sa libéralité assura le succès, et les bons habitants de Cissey eurent la satisfaction d'offrir à M. le docteur Trossat un magnifique thé en porcelaine de Limoges. Puis il se chargea seul de récompenser le dévoûment des dignes filles de Saint-Vincent-de Paul.

Divers incidents, que nous jugeons inutile de rapporter en détails, amenèrent prématurément la fin de cette sage et bienfaisante administration. Le zèle militant de M. de Cissey pour les œuvres catholiques et ses préférences politiques ne le désignaient pas à la faveur des maîtres du jour. Toutefois sa ferveur de chrétien adoucissait la rigueur de ses principes politiques, et, tout en gardant avec une sorte de probité et de point d'honneur le culte des grands souvenirs et de légitimes espérances, il n'eut refusé ni son estime ni son concours à un pouvoir qui aurait rendu à la religion son autorité, son indépendance et une respectueuse protection. Nous pensons qu'il eut dit volontiers, comme le Comte de Montalembert et le Vicomte de Melun : « Soyons avant tout catholiques. » Tel était sans doute son sentiment, quand il s'écriait dans une assemblée générale des conférences de saint Vincent de Paul : « Laissons agir la force immense du Catholicisme, « comme nous laissons agir la nature dans les fonc- « tions du cœur, soyons en un mot vraiment « catholiques en toute choses, et la société sortira « bientôt triomphante de toutes ses épreuves. »

Un jour, cependant, il se trouva en opposition ouverte avec le gouvernement. Il avait posé sa candidature à un siège de conseiller général du département. C'était l'époque où les lenteurs du gouvernement impérial à défendre l'autorité temporelle du Saint-Siège éveillaient chez les catholiques des appréhensions trop justifiées. M. de Cissey, qui n'avait pas dissimulé ses convictions religieuses, échoua devant l'opposition que lui suscita le pouvoir.

Après cet incident, un sentiment de dignité s'unissant à la crainte de ne pouvoir faire le bien en toute liberté le détermina à donner sa démission de Président de la Société de secours mutuels. Bientôt, sous l'influence des idées qui régnaient à cette époque, il cessa ses fonctions de Maire. A la suite d'arrangements de famille, il vendit son hôtel de Chalon-sur-Saône, et il alla dorénavant faire, chaque année, à Lyon, un séjour de quelques mois.

Alors il crut, dans sa délicatesse et sa modestie,

que son éloignement de Chalon ne lui permettait pas de remplir avec régularité ses fonctions de Président général des conférences du diocèse d'Autun, et il notifia encore sa retraite. Elle ne fut pas acceptée sans une pénible hésitation : L'estime, la confiance et l'admiration d'une part, le dévoûment et l'affection de l'autre, l'association de tous dans les pratiques laborieuses de la charité, avaient formé des liens étroits entre les confrères et leur cher Président. Quand il fallut se résigner à la retraite du fondateur de la Société, tous les confrères votèrent par acclamations les plus chaleureux remerciements à l'habile et dévoué catholique, qui avait fait bénir pendant quinze ans, dans tout le diocèse, l'apostolat de la charité.

La vie de M. de Cissey entre dans une nouvelle phase. Il va désormais se consacrer à l'éducation de ses enfants. La divine Providence qui avait récompensé la foi si persévérante et embelli les jours du fervent chrétien, en lui donnant des enfants, procurera à cette foi si ferme le mérite et l'honneur d'un triomphe plus grand encore, quand elle la soumettra à la plus forte épreuve.

CHAPITRE VI.

Son fils. — Sa famille.

M. de Cissey vivait depuis dix ans dans le mariage, lorsqu'il eut le bonheur d'avoir un fils. L'enfant naquit le 16 juin 1852, et fut ondoyé le même jour. Un mois après, dans la chapelle du château, Monseigneur Pallegoix, Évêque de Mallos, Vicaire apostolique de Siam, entouré d'un nombreux clergé, suppléa les cérémonies du Baptême. Le nouveau-né reçut les noms de Marie-Joseph-Alphonse-Henri ; il eut pour parrain son aïeul, Joseph-Jean Courtot de Cissey, et pour marraine la seconde femme de celui-ci, Claudine-Henriette-Adélaïde Suremain de Missery. M. de Cissey voulut que son fils portât le nom d'Alphonse, par reconnaissance pour la vénérable fondatrice et Supérieure de l'Ordre des Filles du Divin Rédempteur, et le nom de Marie, en souvenir pieux du R. P. Eymard, ancien provincial de l'Ordre des Maristes. Ajoutons que les parents, qui étaient tertiaires de Marie, avaient encore tenu à placer leur enfant sous la protection de la Sainte Vierge. Deux ans plus tard, Dieu leur donna une fille ; elle reçut les noms de Marie-Adélaïde-Caroline-Joséphine.

M. de Cissey apporta un soin d'autant plus attentif à la bonne éducation de ses enfants qu'il attribuait, non sans raison, leur naissance à une grâce extraordinaire : c'était, disait-il avec un accent pénétré de reconnaissance, c'était par les prières de la R[de], Mère Alphonse, du R. Père Eymard et de M. Égler que Mme de Cissey avait recouvré la santé. Dans ce récit, nous nous attacherons exclusivement à retracer l'éducation qu'il prit à cœur de donner à son fils.

Le premier soin de ce bon père fut de former à la religion l'âme de son enfant, d'y déposer les éléments de la foi à mesure qu'il observait les premières lueurs de la raison, d'identifier en un mot les pensées de son fils avec les vérités et les maximes de l'Évangile. M. de Cissey ne négligeait rien, il s'emparait de toutes les circonstances pour rendre familière à son fils cette vérité capitale que la religion est l'unique chose vraiment nécessaire : tantôt il lui racontait un fait remarquable de l'Histoire Sainte, de la Vie des Saints ou un trait édifiant de quelque vertueux personnage ; tantôt, quand ils faisaient ensemble une promenade, il frappait sa jeune imagination en lui faisant admirer dans le spectacle ravissant de la nature la bonté et la puissance du Créateur ; il mêlait à ses entretiens ordinaires une réflexion pieuse, tirait, comme en passant, une sage leçon d'un fait ou d'un événement de la journée. C'était toujours quelque bonne semence qui, déposée dans le cœur de l'enfant, devait un jour germer et porter son fruit. Les manières et le ton de voix aisés, simples et naturels de M. de Cissey, en lui parlant de la doctrine du salut, faisaient contracter sans effort à l'enfant des habitudes pieuses.

Ce jeune homme était doué des plus heureuses qualités : docile, gracieux, d'une humeur égale et d'une grande franchise, il acceptait aisément tous les avis et se pliait à toutes les obligations. Toutefois la distinction de ses sentiments paraissait ne point souffrir qu'on le traitât avec empire et hauteur ; mais il s'inclinait de bonne grâce devant la direction ferme, discrète et modérée de ses parents. C'est bien là, en effet, l'ascendant qui imprime le respect, inspire une affectueuse confiance et se fait obéir.

Mais l'autorité qui avait l'influence la plus incontestable et la plus efficace sur l'esprit de Joseph de Cissey, était celle des bons exemples de ses vertueux parents. Il ne découvrait pas de contraste entre la leçon et les actes ; il lui suffisait de promener ses regards autour de lui pour se convaincre que ses parents ne lui demandaient l'observation d'aucun devoir, ni aucun exercice de piété, auxquels ils ne se soumettaient eux-mêmes les premiers. Ainsi l'enfait grandit comme l'arbrisseau planté sur le bord d'une eau pure, son cœur s'épanouit aux rayons vivifiants de la foi et de la piété paternelles.

M. de Cissey voulut enseigner lui-même à son

fils les premiers éléments de belles-lettres. Dans l'accomplissement de ce doux et grave devoir, il avait pris pour principe de tenir toujours en éveil l'esprit de son élève, sans le surmener pourtant. Pour éviter cet excès, aujourd'hui trop répandu, il l'avait formé à l'excellente habitude de régler son temps, de distribuer son travail et ses récréations par heure et par journée. Cette sage direction, en donnant au jeune homme une maturité de caractère qui fut toujours remarquée, éveilla en même temps dans son esprit une vive ardeur pour l'étude, une haute idée de la science et le noble désir de se rendre utile àla société.

Ensuite M. de Cissey envoya son fils au petit séminaire de Plombières-les-Dijon, dont il avait gardé lui-même le meilleur souvenir, puis au célèbre collège de Mongré, où Joseph termina ses études secondaires. Pendant toute cette période, la piété vive et sereine du jeune de Cissey, loin de se démentir, se développa dans son cœur, comme s'agrandit dans son esprit la sphère de ses idées. En épurant tous les sentiments, la religion fortifia l'énergie dans la volonté et perfectionna tous les succès.

Cependant la sollicitude du vertueux père restait toujours attentive : Il ne perdait de vue ni la marche des études ni le progrès dans la piété. Pendant l'invasion allemande, Mme de Cissey s'était retirée avec ses enfants dans une ville du midi, afin de pourvoir avec plus de sécurité à la continuation de leurs études. M. de Cissey lui écrivait à cette époque : « Joseph « prend-il des notes sur les cours de chimie et « même de physique ? Je le lui répète : une audition « de cours sans notes et cahiers de résumé, c'est « une audition du chant d'un pinson dans le jardin « de Cissey. »

Quelques semaines après, pour modérer les trop vives préoccupations de son fils à la veille d'un examen, il lui faisait donner ce bon conseil.

« Qu'il se confie à saint Joseph, et s'il n'est pas « reçu, qu'il n'y pense plus, c'est que Dieu ne le « permet pas, à présent du moins. Qu'il fasse donc « de son mieux et qu'il ne se chagrine de rien. »

Docile à ces religieuses recommandations, le jeune homme attendit tout le succès non moins de la volonté de Dieu que de son intelligence et de son travail. Aussi, quand il eut heureusement passé cet examen qui fait époque dans la vie de l'étudiant, il écrivait sous la première impression de joie à une personne pieuse : « A vous qui avez prié pendant l'é- « preuve, la première nouvelle de la victoire. *Alle- « luia ! Alleluia !* Celui qui est le puissant par excel- « lence a exaucé vos vœux ! Qu'il soit béni à jamais ! « A Dieu et à ceux qui lui ont fait violence par leurs « prières, il faut attribuer le succès ! qu'à leur « pieds soient donc déposés les lauriers et les cou- « ronnes ! Je voudrais pouvoir vous dire toute ma

« reconnaissance ! Merci pour moi que vos prières « ont tiré du danger, pour ma pauvre mère, pour « mon père ! que de craintes hier ! que de joies « aujourd'hui ! »

Quoi de plus édifiant que cette modestie dans le succès et cette ardeur dans la piété chez un jeune homme de dix-huit ans ! Et cette piété, grandissant avec l'âge, affermissait et mettait de plus en plus en évidence les heureuses qualités de Joseph. Tous les jeunes gens qui ont eu le bonheur de le connaître, pendant qu'il suivait à Lyon le cours de Droit, sont unanimes à faire le plus grand éloge de leur condisciple. Son caractère unissait, dans une rare harmonie, la grâce de la jeunesse à la maturité et à l'élévation des sentiments ; une fidélité inviolable au devoir, un attachement profond à tout ce qui lui paraissait juste et vrai à des manières aimables et sympathiques ; modeste sans timidité, doux sans faiblesse, distingué sans fierté, intelligent et très instruit sans prétention, le jeune étudiant faisait aimer la vertu en la montrant pleine d'attraits en sa personne.

Un vénérable religieux Jésuite, qui possédait toute la confiance de Joseph de Cissey, pouvait écrire après sa mort : « Je ne puis pas même vous « dire que son avenir fût incertain et que sa mort « eut été pour lui un moyen de salut. Depuis deux « ans qu'il n'avait pas de secrets pour moi et que je

« recevais ses plus fidèles confidences, je n'ai pas « surpris en lui l'apparence d'une faute tant soit « peu saillante, tandis que je voyais le beau, le saint « jeter dans son âme des racines indestructibles.

« Joseph serait allé dans la vie grandissant dans « le divin et il l'aurait fait grandir autour de « lui. C'était son aspiration unique. Le succès du « début assurait la plus féconde moisson (1). »

Les condisciples du pieux étudiant pensaient comme le vénérable religieux. « Joseph, écrivait « l'un d'eux, avait reçu tous les dons de l'intelli- « gence, mais Dieu avait surtout développé chez lui, « le sentiment du vrai, du beau, du divin. Il vou- « lait être utile, il voulait faire du bien ; il voulait « être un chevalier chrétien, le champion de Dieu « et de la sainte Église. Priez, me disait-il, pour « que la foi ne défaille jamais dans mon cœur, aidez- « moi à devenir bon pour faire les œuvres de Dieu. »

Un autre rendait ainsi ses impressions : « La pre- « mière fois que je rencontrai Joseph, il nous tint « sous le charme de sa parole pendant plus d'une « heure. Une haute destinée attend ce jeune « homme! disais-je. Plus tard, lorsqu'il me fut « donné de découvrir les qualités de son cœur, je « fus encore plus étonné de rencontrer une nature

(1) Lettre du R. Père Brézard, extraite du *Messager du Cœur de Jésus*. Cette excellente revue a publié en 1881, sur Joseph de Cissey, une notice biographique très intéressante.

« aussi parfaite. » Nous pourrions multiplier ces témoignages. L'estime et l'affection dont l'entouraient ses condisciples avaient investi Joseph d'une souveraineté morale. Mais l'excellent jeune homme ne profitait de son ascendant sur ses amis et ses admirateurs que pour les porter au bien. Lorqu'il apprenait que l'un d'entre eux chancelait dans le chemin du devoir, il le prévenait gracieusement par toute sorte d'avances amicales et de bons offices, puis il y ajoutait des conseils empreints d'une grande douceur, mais précis et positifs; son but était déterminé : il ramenait son ami à la pratique de tous les devoirs religieux, puis il passait à un autre apostolat, à une autre âme à sauvegarder, car le bien était sa passion et son unique passion (1).

« A en juger par ce qu'il a fait en si peu de temps, « écrivait le P. Brézard, sa vie n'eut été qu'un noble « et vigoureux effort pour lutter contre l'indifférence générale et arracher les âmes au mal ou « une molle inertie.

« Son talent naturel d'écrivain et d'orateur, aiguil- « lonné par un grand cœur, croissait avec une rapi- « dité qui n'éprouvait aucune intermittence, et Jo- « seph y joignait l'intelligence de tout ce qui « rapproche et conquiert. Doué du prestige d'un « beau nom, il n'en était que plus affable pour tous,

(1) Ibidem.

« et je suis assuré que dans la mémoire de tous
« ceux qui l'ont connu, il ne demeure pas le souve-
« nir d'un mot qui n'ait était gracieux et aimable.
« Il se faisait tout à vous.

« J'eusse aimé à parler de sa tendresse recon-
« naissante pour sa famille, de ses affections filiales,
« de ses dévoûments pour ceux qu'il pouvait se-
« courir. Mes forces trahissent l'amitié si vive que
« je lui portais et dont j'eusse aimé à lui donner le
« public témoignage. »

Si la piété de Joseph était aimable et conquérante, elle n'était pas moins courageuse. Il soutenait sa renommée de fervent chrétien et justifiait sa foi en toute occasion : ses raisonnements étaient serrés, variés, pressants; ses preuves puisées à bonne source; l'histoire, la philosophie, et le droit qu'il étudiait sans cesse lui fournissaient des armes pour repousser toutes les attaques. Cette science, qu'il était si avide d'acquérir, il voulait qu'elle rendît témoignage à la vérité, qu'elle servît au triomphe de la religion; il était persuadé qu'il devait à la religion le témoignage de sa parole comme le témoignage de sa vie.

Pour s'exercer à cette vie militante, il s'enrôla de bonne heure dans les rangs des catholiques qui créèrent les cercles ouvriers. C'était pour lui l'occasion de satisfaire sa généreuse ardeur; quand il apprenait qu'une réunion publique était annoncée dans un but hostile ou suspect à la religion, Joseph de Cissey n'hésitait pas à s'y rendre, entouré d'un groupe nombreux de jeunes gens qu'il encourageait par sa ferme attitude. C'était alors une vraie joie pour les hommes de cœur que de voir, dans ces assemblées tumultueuses, le jeune chevalier chrétien tenir tête aux mécréants modernes, venger l'Église des calomnies populaires, dissiper les préjugés et faire résonner la vérité sur la face de l'erreur et du mensonge.

« Nous aimions à voir, disait le *Bulletin des* « *œuvres catholiques*, nous aimions à voir l'ardeur « de ce jeune homme, qui, sans vouloir s'arrêter au « mal, à l'âge où il offre tant de séduction, et sans « se laisser atteindre par la tiédeur générale, se je- « tait si résolument dans la vie active du chrétien ! » En même temps il donnait à des journaux catholiques de nombreux articles très recherchés. Dès l'apparition de ses premiers essais, M. Foisset, l'illustre champion de la cause religieuse en Bourgogne, lui écrivait : « Votre excellent article annonce à « la France catholique une champion de plus. Qu'il « soit le bienvenu parmi nous ! Si j'étais Bayard, je « lui donnerais l'accolade et l'armerais Chevalier sur « le champ de bataille ! »

La solide piété de Joseph et ses brillants débuts au service des plus saintes causes, réjouissait singulièrement le cœur de M. de Cissey. L'heureux père remerciait Dieu de lui avoir donné un tel fils ;

il l'aimait tendrement, ce fils, parce qu'il le voyait aimer l'Église avec une constante ardeur. En le montrant, il eut pu dire en vérité : « Voici le prolongement de ma vie. » Mais le souverain Maître va demander à ce père si chrétien le don complet, l'abandon définitif de ce fils bien-aimé.

Pendant que M. Joseph de Cissey se livrait avec entrain, à Lyon, à ses études et à ses œuvres de zèle, une épidémie de fièvre typhoïde se déclarait dans cette ville. C'était au printemps de 1874. Informés de l'apparition du fléau, ses parents lui firent promettre de venir à Cissey à la première menace du danger. Mais le vaillant jeune homme ne soupçonnait pas l'imminence du péril : Ses études et ses généreux projets d'avenir occupaient tout son esprit, et il ne voulait pas interrompre ses travaux pour éviter un danger qui lui paraissait imaginaire. Cependant il était lui-même atteint; il revint en toute hâte à Cissey et prévint sa famille par une dépêche. Alors M. de Cissey se trouvait à Rome, où il était allé afin d'obtenir de nouvelle faveurs pour l'Œuvre Dominicale. Il accourut auprès de son fils.

Joseph se croyait légèrement indisposé. Le mal en effet paraissait peu grave, et la famille se faisait une complète illusion. Mais trois jours après un demi-délire qui agita deux ou trois fois le malade excita quelques appréhensions. « Que vous êtes bons, chers

« parents ! répétait souvent Joseph. Que de soins at-« tentifs pour votre fils ! Ah ! c'est surtout quand des « enfants souffrent qu'ils reconnaissent la grandeur « de l'affection de leurs parents. Vous ne vivez « que pour moi ! je ne l'ai jamais si bien senti. »

« Vous, mon père, vous vous êtes donné tout au « service de Dieu ! quelle joie n'éprouverais-je pas à « vous soutenir, à vous aider dans votre dévoûment !

La maladie, sans crise apparente, faisait d'effrayants progrès. M. le curé de la paroisse, qui aimait tendrement Joseph et en était tendrement aimé, lui proposa de se confesser. « Volontiers, répondit-« il, je suis bien en règle avec Dieu, il n'y a que quel-« ques jours que je me suis confessé, car en temps « d'épidémie, il faut toujours être prêt à paraître « devant le Souverain juge ; mais je suis tout disposé « à lui demander encore pardon de mes fautes.

En ce moment toute agitation fébrile cessa, et ce fut avec le calme de la plus parfaite tranquillité d'âme qu'il s'accusa de ses fautes, et qu'il en reçut une dernière absolution.

Sa douce sénérité dans ces dernières étreintes de la vie avec la mort, sa gracieuse affabilité, son sourire, sa parole aimable et reconnaissante des moindres soins firent illusion presque jusqu'à la fin à ceux qui l'aimaient ! Il s'éteignit dans les bras de sa vaillante mère, qui soutint sa tête jusqu'au dernier soupir. Il n'eut pas une convulsion et ne poussa pas une plainte (1). A ce jeune homme si aimable, si pieux et si dévoué, Dieu accorda la mort comme un paisible sommeil, et le réveil se fit sans doute dans les joies de l'héritage céleste.

Ainsi mourut à l'âge de vingt-deux ans Marie-Alphonse-Joseph-Henri de Cissey. Ses nombreux admirateurs qui n'avaient pas cessé d'être ses amis, versèrent les larmes les plus sincères sur la perte de celui qu'ils appelaient leur modèle et leur soutien ; ils étaient habitués, en effet, à la pensée que la Providence l'appelait à devenir le bonheur de sa famille, la gloire de sa patrie et l'ornement de l'Église

Le chagrin du pauvre père fut des plus douloureux ; cette séparation si imprévue et si brusque fit à son cœur un profond déchirement. Il eut une heure de terrible angoisse. Dieu lui avait accordé ce fils en récompense de longues années de prières et bonnes œuvres, et il le retirait au moment où l'heureux père commençait avec joie à recueillir les fruits de sa sollicitude si vigilante et si efficace ! C'était une épreuve suprême, en cette vie, que la Providence offrait à cet excellent homme de foi. Mais le généreux chrétien en sortit vainqueur avec sa foi et sa piété.

Il recourut à la prière, qui est le remède souverain dans la tristesse ; on le trouva plus assidu encore

(1) Messager du Cœur de Jésus.

aux pratiques de dévotion et dans sa chapelle ; il s'exerça à redire de tout son cœur ces paroles, qu'il avait fait entendre dans d'autres circonstances douloureuses : que le Saint nom du Seigneur soit béni en toutes choses ! L'œuvre de la sanctification du Dimanche commençait alors à se propager ; le vaillant apôtre poursuivit sa grande mission, sans porter ses regards en arrière. Le sacrifice était donc achevé dans un acte de pieuse et complète soumission.

Cependant M. de Cissey reçut de ses nombreux amis des témoignages de sympathie bien capables de de le soutenir dans les fatigues extrêmes de son cœur. S'il est vrai, comme l'a dit un illustre penseur chrétien (1), que « le miroir le plus fidèle et le plus sincère pour l'âme, c'est l'âme d'un ami, » citons quelques extraits de ces lettres, ils nous feront comprendre en quel monde de pensées vivait habituellement ce père si éprouvé.

Voici les condoléances que Mgr Bougaud, Évêque de Laval, alors vicaire générale d'Orléans, adressait à M. de Cissey : « Quel coup ! quoi? ce jeune homme « si bon, si pieux, si intelligent, notre honneur et « déjà notre appui, vous ne l'avez plus ! Je le sa- « luais déja comme un de nos meilleurs ouvriers de « l'avenir, et Dieu vous le retire ! à l'âge où d'autres « ne sont encore que des enfants, il avait la préco-

(1) Charles Sainte Foi, *le Livre des peuples et des rois.*

« cité sérieuse, la maturité aimable, l'ardeur, la sa-
« gesse et déjà la notoriété du talent ! le champ lui
« était ouvert; et il aurait si noblement travaillé
« et si fructueusement !

« Et à quel moment vous frappe-t-il ainsi?
« Pauvre père ! au moment ou vous vous épuisez
« vous-même à son service ! Je ne sais rien qui
« prouve mieux le peu qu'est cette pauvre vie et la
« certitude des éternelles récompenses !

« Ces dons que nous aimions en ce pieux et
« charmant jeune homme, Dieu les aimait aussi ; il
« il a voulu en jouir, et il l'a fait passer de cette
« partie de son royaume où l'on travaille, où l'on
« souffre, à cette autre région où l'on se repose ; de
« celle où l'on est loin de Dieu à celle où l'on est
« dans ses bras, sur son cœur ! Il est où sont les
« bons ouvriers de Dieu, où jouissent déjà ceux
« qui se sont sacrifiés pour l'Église !

« Il est mort pur, innocent, sans ombre sur son
« front, laissant après lui le parfum de ses vertus.
« Je baise votre croix et je prie Notre-Seigneur de
« vous en faire sentir tout le prix. »

M. l'abbé Richoud, Vicaire Général de Lyon, qui dirigeait la conscience de M. de Cissey, le soutenait aussi par les consolations suivantes, puisées dans les vues les plus élevées de la foi.

« Avant de vous dire, écrivait-il, que je m'asso-

« cie à votre immense douleur, j'ai voulu tout « d'abord prier pour votre fils bien-aimé et pour « vous. Je l'ai fait de toute mon âme.

« Que les desseins de Dieu sont impénétrables ! « Dans vos efforts pour la sainte cause de la reli- « gion, vous pouviez penser avec joie que ce fils, « dont vous étiez si justement fier, achèverait votre « mission. Cette tâche semblait digne de sa passion « pour le bien. Hélas ! tout a disparu ! non pas « tout, cependant. Dieu a permis que votre fils ait « travaillé et mérité de bonne heure. A l'âge où l'on « commence à peine à semer, il avait déjà cueilli « de précieuses gerbes.

« Quant à vous, cher Monsieur, votre front se « relèvera après cet horrible coup de foudre. Comme « la très Sainte Vierge après la mort de son Fils, « vous descendrez de votre Calvaire et vous repren- « drez votre mission. Elle est certes bien extraordi- « naire, et Dieu a voulu la marquer d'un signe « extraordinaire aussi : Celui de la croix.

« Ne semblait-il pas que les bénédictions que « Pie IX vous donnait avec tant d'effusion devaient « tomber d'abord sur votre bien-aimé malade pour « le guérir, et cependant vous ne l'avez revu que « pour vous en séparer ! Les bénédictions du Saint « Père l'auront aidé à jouir plus tôt du bonheur du « ciel, et vous, pauvre père, elles vous aideront à dire

« du fond de votre cœur, anéanti jusqu'à la mort, le « *Fiat* qui n'est possible qu'à la foi.

« Du sein du monde meilleur où il vous attend, « votre fils vous le demande ! Souvenez-vous que « vous êtes chrétien ! Ne soyons pas comme ceux « qui n'ont point d'espérance. Regardez en avant et « en haut, et non en arrière. La mort n'est qu'un « court passage, et de l'autre côté, c'est la vie. « Heureuses les familles qui se refont là-haut à « mesure qu'elles s'en vont de cette vallée de larmes ! « On voudrait pouvoir se dire qu'on s'aime encore, « qu'on demeure unis de pensée et d'affection et l'on « se le dit en vérité. Si ce langage n'est perçu que « par les oreilles de la foi, il n'en est ni moins vrai, « ni moins réel. » . . . .

Voici une lettre qui respire le même parfum de foi et de charité sous une forme non moins éloquente ; on croirait, en la lisant, que son auteur a reçu l'onction sacerdotale :

« Quelle affreuse nouvelle, mon cher ami ! Quelle « douleur pour vous ! Il n'est plus, ce cher Joseph, « cet enfant si aimé, si longtemps attendu, entouré « de tant de soins !... Oh ! que je vous plains et com- « bien je voudrais que mes larmes pussent adoucir « l'amertume des vôtres. Dieu vous éprouve forte- « ment ! C'est ainsi qu'il traite ses amis, ses plus « fidèles serviteurs ; c'est ainsi qu'il a traité son « propre Fils, *propter scelera nostra.* Élevez vos

« pensées vers le ciel, *Sursum Corda*, et demandez « la résignation.

« La vie est si courte ! ce n'est qu'un passage, « un temps d'épreuves, et après les maux de la « terre, les joies de l'éternité.

« Essayez de dire à Dieu : que votre volonté soit « faite ! et il vous en récompensera éternellement « dans le ciel. Là nous trouverons l'éternel bonheur, « après quelques jours de larmes, et la joie d'être « pour toujours avec ceux que nous pleurons. Oh ! « qu'ils sont malheureux ceux qui ne croient pas « ou qui croient sans pratiquer !

« Tous vos amis, le cœur brisé de douleur, prient « pour vous et votre cher enfant ! N'est-ce pas un « sujet de consolation que la conduite irréprochable « de ce fils bien-aimé ? Il était animé des meilleurs « sentiments, il exerçait sur ses amis l'influence « la plus salutaire, il était aussi agréable à Dieu « qu'aux hommes. Combien plus amers seraient vos « regrets, s'il en eut été autrement.

. . . .

AL. DES MARCHES.

Heureux les amis qui, dans les plus rudes épreuves, peuvent se tenir un pareil langage et goûter de telles consolations ! Le courage et la tranquillité règnent toujours dans les cœurs où la foi reste constamment en éveil.

Mais la Providence donna, par surcroît, d'autres consolations au fervent chrétien. Mlle M., sa fille, a épousé M. de G.. Ce mariage réunit toutes les convenances, et M. de Cissey eut la joie de voir revivre près de lui, entourées de l'éclat d'un beau nom, les vertus de celui qu'il avait perdu. Deux enfants sont issus de cette union. C'est en vivant dans ces alternatives de brillantes et solides espérances, de douleurs, de deuil sans fin et de quelques rayons de joie, que M. de Cissey se consacra de toutes ses forces, comme si elle avait seule occupé son cœur, à la propagation de l'Œuvre dominicale.

CHAPITRE VII.

Origine de l'œuvre de la Sanctification du Dimanche. — M. de Cissey et M. l'abbé Chevrier. — Pèlerinage à la Salette. — Premiers essais de propagation. — Encouragements de Nos Seigneurs les Évêques. — M. de Cissey à Rome.

Un homme de foi qui observe l'état de notre société, le Dimanche, éprouve un vif sentiment de tristesse et de compassion. Il voit tout un peuple fouler aux pieds une des lois les plus saintes et les plus salutaires de la religion, celle qui est destinée, dans la pensée du Créateur, à procurer par l'ensemble de ses prescriptions la plus grande gloire à Dieu et le plus grand bien à l'homme.

Dans les villes et dans les campagnes, rien ne distingue aux yeux d'un grand nombre le jour du repos et de la prière de la semaine du travail. Dans les villes, on rencontre partout des ouvriers en habit de travail ; de toutes parts arrivent le bruit des lourds chariots, les cris stridents des usines, des manufactures et le sifflement des machines ; on achète, on vend, on trafique. Nous trouvons encore quelques cités chrétiennes qui ont résisté jusqu'à ce jour à l'impulsion du mauvais exemple et des mauvaises doctrines ; mais dans la plupart des villes, la profanation presque générale du jour consacré est une réalité navrante qui s'étale à tous les regards.

Dans les campagnes, chaque jour voit augmenter, hélas ! le nombre des profanateurs. Pleins de confiance dans la force de leurs bras, dans leur habileté et leur expérience, les travailleurs des champs prétendent se passer du secours de Celui qui peut seul donner l'accroissement, et oubliant qu'ils n'ont rien de grand, rien de durable, rien de puissant que Dieu qui les protège, ils désertent de plus en plus l'église et la prière publique.

Mais l'observation du Dimanche n'est pas moins faite pour l'homme que pour Dieu. « Le Dimanche, « dit le Cardinal Pie, est la clef de voûte de tout l'é- « difice religieux et social. Pas une vérité dogmati- « que, pas une loi morale, pas une pratique utile qui « ne soit liée à la Sanctification du Dimanche » (1). En effet, l'union dans les familles, la paix sociale, l'hygiène, les bonnes mœurs, la fortune publique, l'ordre politique, tels sont les bienfaits assurés à un peuple qui maintient par l'observation du troisième précepte son alliance avec Dieu. Cette prospérité résulte comme une conséquence naturelle, pour ainsi dire, de l'observation même de la loi ; si bien qu'on pourrait appliquer au Dimanche, avec une légère variante, l'éloge que Salomon a fait de la Sagesse (2) : « La fortune m'est venue avec le zèle du jour consacré.

(1) Instruction Pastorale sur le Dimanche.

(2) Livre de la Sagesse, VII, 11.

Au contraire, l'infidélité à un précepte d'une portée aussi considérable trouve en elle-même son châtiment, et ce châtiment atteint l'individu et la société dans tous leurs biens. Pour combattre avec succès cette profanation désastreuse, qui se commet sous l'impulsion du scandale, il faut lui opposer la puissance d'une solide et grande association. M. de Cissey le comprit. Voici par quel enchaînement de faits la Providence l'amena à susciter et à propager par toute la France l'Association Dominicale :

Il existait depuis quelques années à Lyon, la ville des grandes œuvres catholiques, une association de dames dont le but était de procurer la Sanctification du Dimanche. Son règlement, sagement rédigé, avait été approuvé par Mgr l'Archevêque de Lyon, et Mgr Gouthe-Soulard, Archevêque d'Aix, alors vicaire générale de Lyon, était le président honoraire de l'Œuvre.

Les pieuses personnes qui composaient l'Association étaient encore peu nombreuses, et leur influence, s'exerçant dans un cercle trop étroit, n'avait pas produit jusqu'alors de résultats apparents. Toutefois, c'était le grain de sénevé. Pour lui donner l'accroissement, ces dames zélées priaient et faisaient prier. Un jour, le vénérable abbé Chevrier, fondateur de l'Œuvre du Prado, qui a laissé à Lyon les souvenirs les plus édifiants, célébrait la sainte Messe pour l'association, dans la chapelle d'un couvent ; il terminait une allocution sur la Sanctification du Dimanche en disant qu'il « serait heureux si parmi ceux qui l'écoutaient, il se trouvait quelqu'un qui emportât de cette réunion la résolution de travailler de toutes ses forces au développement de cette œuvre capitale, de laquelle dépendait le salut de la France. »

M. de Cissey était présent. Assidu à entendre la Messe tous les matins dans l'église de sa paroisse, il avait ce jour-là dérogé à son habitude en venant dans la chapelle, attiré sans doute par la réputation du saint prêtre. La petite association dominicale et le but de la réunion ne préoccupaient point son esprit ; pour lui tout était imprévu en ce moment. Voilà que les paroles du prédicateur résonnent dans son cœur comme une voix venue du ciel ; elles le pénètrent, le captivent. Des souvenirs déjà lointains se réveillent dans l'âme de l'ancien pèlerin de Niederbronn. Après la Messe, il va trouver M. l'abbé Chevrier et lui déclare d'un ton calme et résolu que, pour répondre à son vœu, il est disposé à contribuer de toutes ses forces à la propagation de l'Œuvre Dominicale.

Le même jour il alla offrir ses services au Conseil de l'Association. Dans sa modestie, il ne demandait que la permission d'agir et d'écrire sous la direction du Conseil, « comme auxiliaire adjoint pour « les affaires extérieures » ; il ferait les démarches, s'efforcerait d'applanir les obstacles et solliciterait les adhésions ; en un mot, il serait l'indermédiaire et le messager du Comité. Le Conseil, heureux de voir ses prières et le vœu du vénérable abbé Chevrier exaucés, accueillit avec joie le nouveau collaborateur ; mais il ne put lui faire accepter d'autre titre que celui « d'auxiliaire. »

« Vous savez comment a commencé l'œuvre de « la Propagation de la Foi, cette gloire de Lyon, « écrivait M. de Cissey à Mme la Secrétaire ; l'œu- « vre de la Sanctification du Dimanche par les « dames Lyonnaises n'est-elle pas appelée aussi « à une grande mission ? Je persiste à croire qu'elle « doit rester sous votre direction, mesdames, et « que vous êtes surtout appelées à l'étendre et à lui « faire produire des fruits ; mais je peux être votre « auxiliaire, et je ne veux pas autre chose. »

Le dévoué collaborateur apporta dans ses modestes fonctions tout l'élan et toute l'activité qui le caractérisaient. Il fit ses premières visites au clergé paroissial, qui applaudit au zèle du vaillant catholique. Ensuite M. de Cissey sollicita des adhésions dans toutes les classes de la société ; il entra en rapport avec toutes les personnes qu'il jugeait capables de le seconder : à son appel, la modeste ouvrière, la grande dame, le fabricant, l'employé, tous coopéraient, dans la mesure de leur influence, au développement de l'association. Bientôt les fournisseurs, les magasins et le haut commerce apprirent par les habitudes nouvelles des clients qu'il existait une œuvre de la Sanctification du Dimanche et que cette œuvre étendait chaque jour sa bienfaisante action. En quelques mois, en effet, les dizaines d'associés, puis les centaines et les sections s'étaient multipliées ; l'œuvre se ramifiait dans toute la ville. Grâce à l'activité de l'« Auxiliaire-adjoint » le conseil put même présenter à l'Assemblée nationale une pétition couverte de dix mille signatures, pour réclamer l'observation des lois qui protégeaient le repos du dimanche.

Vers la même époque, c'était en 1872, un pèlerinage national, le plus opportun peut-être, sinon le plus grand, organisé sous le patronage de Monseigneur Paulinier, Évêque de Grenoble, se dirigeait vers la montagne de la Salette. Au lendemain de la terrible guerre qui a tant éprouvé la France, les hommes de foi trouvaient, avec raison, la cause première de nos malheurs dans l'abandon des grands devoirs de la vie chrétienne; aussi l'on sentait la nécessité de prier, de réparer et de demander grâce dans les lieux mêmes, où la Reine du ciel est venue nous avertir de nos égarements.

Parmi les infidélités dont notre pays s'est rendu coupable, la Mère des Miséricordes a signalé surtout la violation impie de la loi dominicale. Empruntant les paroles mêmes de Dieu qui retentirent sur le mont

Sinaï, Marie « avait fait passer à son peuple » cet avertissement solennel : « Je vous ai donné six jours « pour travailler, je me suis réservé le septième, et « l'on ne veut pas me l'accorder. C'est ce qui appe- « santit le bras de mon Fils. »

M. de Cissey s'ossocia avec enthousiasme à cette imposante manifestation de foi et de repentir, dont il publia un éloquent récit. Elle répondait avec tant d'à-propos à ses préoccupations du moment et à l'ardeur de son zèle! Dès qu'il fut arrivé dans les lieux, autrefois déserts, qui ont entendu la voix de la Reine du ciel, il tomba à genoux et baisa cette terre bénie ; il fit en priant une station à chacune des statues qui représentent les divers épisodes de l'apparition. Un discours vibrant de foi et de patriotisme prononcé par Monseigneur l'Évêque de Grenoble ajouta encore à son émotion : « Ici, écrivait-il, toutes les âmes « sont électrisées, les larmes coulent, les applaudis- « sements éclatent, les cœurs prient avec une indi- « cible explosion d'amour : Dieu doit nous bénir. »

Le premier avertissement de la Mère de Dieu sur la profanation du Dimanche et sa dernière recommandation aux enfants se retracèrent profondément à la pensée de M. de Cissey : « Faites-le passer à « tout mon peuple, » avait dit Marie, en remontant au ciel. Mille sentiments, entretenus par la vivacité de sa foi, se pressent dans l'esprit du pèlerin : Mais l'Association dominicale, qu'une attention spéciale de la Providence l'a appelé à propager, ne doit-elle pas remplir, pour son humble part, le désir de la Mère de Dieu? Ce désir n'est-il pas pour le propagateur de l'Œuvre un appel tout particulier? Poussé par ces réflexions, M. de Cissey fit connaître l'Association dominicale à Monseigneur l'Évêque de Grenoble et le pria de la placer sous le patronage de Notre-Dame de la Salette. Le vénérable prélat accueillit avec empressement cette demande si pleine d'à-propos et, comme il était fatigué, un chapelain de Sainte-Geneviève engagea vivement, par son ordre, les pèlerins à s'unir à la pieuse association.

En quittant la sainte montagne, le Tertiaire de Marie emporta dans son cœur, avec une nouvelle intuition de la volonté de Dieu, une résolution plus ferme encore de se consacrer de toutes ses forces à la propagation de l'œuvre naissante. Dans le pèlerin de la Salette s'annonçait l'apôtre du dimanche. Ainsi se réalisait la prédiction de la vénérable fondatrice et Supérieure des Filles du Divin Rédempteur.

Mais, avant de tracer le récit des travaux apostoliques du champion de la loi dominicale faisons connaître le règlement et l'organisation de l'Œuvre. Voici d'abord le règlement :

1° Les membres de l'Association s'abstiendront les dimanches et jours de fêtes obligatoires de toute œuvre servile, de tout travail défendu.

2° Ils ne permettront aucun travail qui ne serait pas nécessaire, à leurs enfants, à leurs domestiques et aux personnes placées sous leur dépendance.

3° Ils n'ouvriront pas leurs magasins, ateliers, usines, sans une vraie nécessité ; ils ne vendront ni n'achèteront que les objets qu'il n'est pas possible de se procurer un autre jour.

4° Ils imposeront aux entrepreneurs qu'ils emploieront de cesser tout travail le dimanche et les jours de fêtes obligatoires.

5° Ils emploieront toute leur influence à faire sanctifier le dimanche, spécialement en donnant leur préférence pour leurs achats et leurs travaux aux magasins, ateliers, usines, aux ouvriers et aux ouvrières qui ne travaillent pas le dimanche.

6° Ils sanctifieront le dimanche et jours de fêtes obligatoires en se conformant aux prescriptions et aux instructions de l'Église ; ils veilleront à ce que leurs enfants, leurs domestiques et les personnes placées sous leur autorité remplissent fidèlement leurs devoirs.

7° Tous les associés, qui ont véritablement à cœur le succès de cette Œuvre aussi patriotique que religieuse, ne se contenteront pas de satisfaire au précepte d'entendre la Messe, mais il se feront une obligation d'assister aux autres offices de l'Église et aux instructions de la paroisse. La prière et le bon exemple sont les deux plus puissants moyens d'obtenir les bénédictions de Dieu sur nous et de guérir nos maux.

En propageant ces statuts, M. de Cissey faisait connaître dans son intégrité le troisième précepte du Décalogue; tandis qu'une certaine école de nos jours, déchirant la loi et scindant l'œuvre de Dieu, affecte de ne voir dans le Dimanche qu'un jour de repos pour réparer les forces du corps, et oublie de parler de l'obligation de la prière destinée à réparer les forces de l'âme. M. de Cissey avait la foi trop vive pour se prêter à de tels accommodements; car il était persuadé qu'il n'y a pas d'autres principes tutélaires de la société que ceux que Dieu a posés. « Nous avons cru, disait-il, ne pouvoir faire mieux « que de propager ces statuts dans la France « entière. » Il ajoutait cette observation très judicieuse : « Contrairement aux anciennes associations « qui s'attaquaient d'abord aux vendeurs, nous nous « adressons de préférence aux acheteurs, les con- « jurant de commencer par ne plus obliger les four- « nisseurs à travailler, par ne plus faire d'emplettes « le dimanche et à être plus assidus aux offices de « la paroisse. MM. les marchands ne demandent qu'à « profiter de la liberté qu'on leur rendrait ce jour « là. »

L'accueil très favorable que Monseigneur l'Évêque de Grenoble fit à l'Œuvre dominicale, sur la montagne de la Salette, engagea le zélé propagateur à proposer au vénérable prélat l'établissement de l'association dans son diocèse. Et puis, quoi de plus convenable que de répondre aux désirs de Marie en recommandant d'abord la sanctification du Dimanche dans les lieux mêmes où elle a daigné faire entendre son premier avertissement ?

Mgr Paulinier répondit par la lettre suivante à la proposition de M. de Cissey :

Grande Chartreuse, le 17 septembre 1872.

Monsieur,

« Je vous écris du désert de Saint-Bruno où je suis « venu faire ma retraite annuelle, et je commence par « vous remercier de votre excellent article sur notre « cher pèlerinage de la Salette.

« J'ai examiné avec soin les statuts de l'œuvre de « la sanctification du dimanche. Ils sont rédigés avec « une admirable sagesse et je ne désire aucune mo- « dification. La chose essentielle est de multiplier le « nombre des associés *actifs*, et de ranimer en eux « le sentiment chrétien pour qu'ils n'achètent pas le « dimanche et qu'ils ne fassent pas travailler leurs « fournisseurs. J'ai profité de la retraite ecclésiasti- « que pour recommander cette œuvre à tous les

« curés de mon diocèse, ils sont tous prêts à favo-
« riser son établissement.... Je partirai la semaine
« prochaine pour le Midi, où je dois passer une
« quinzaine de jours dans ma famille, et à l'occasion
« d'une tournée pastorale que je ferai, à mon retour,
« je propagerai, autant que je le pourrai, une
« œuvre dont le succès peut contribuer si effica-
« cement au salut de notre pauvre France. »

M. de Cissey se rendit aussitôt dans les principales villes du diocèse pour établir l'association. Ce premier essai de propagande, en dehors de la ville de Lyon, ne fut signalé par aucun éclat; l' « auxiliaire » de l'œuvre ne convoqua pas de réunion et ne prononça point de discours. Alors son pieux prosélytisme se bornait à faire des démarches auprès des personnes dévouées, à solliciter en particulier des adhésions et à grouper çà et là quelques dizaines. Mais l'élan de son zèle, sa promptitude et sa netteté d'esprit ne s'accommodaient guère des lenteurs et tâtonnements. D'ailleurs les démarches particulières pour trouver des associés, la diffusion du règlement, tous les efforts isolés et éparpillés et même le journal que M. de Cissey devait fonder plus tard, ne pouvaient avoir une influence décisive sur l'esprit public; si elle n'avait reçu une autre impulsion, l'Œuvre dominicale fut restée dans une demi-obscurité.

Au commencement de ce siècle, les apologistes de la Religion, les Chateaubriand, les de Maistre, les de Bouald, et les Auguste Nicolas se tenaient près du temple pour y appeler le peuple, les uns en célébrant dans un langage enchanteur les beautés et les bienfaits du Christianisme, les autres en mettant en pleine lumière avec toute la vigueur de la logique sa divine origine. Mais les temps sont changés ; aujourd'hui il faut aller au peuple et lui parler en face. M. de Cissey fit d'abord un pas en avant du temple, pour y attirer ses concitoyens, puis un autre, puis un troisième et, comme il se voyait encore éloigné du but, il résolut de provoquer des réunions populaires et de s'y présenter.

Il comprenait que, pour donner à une œuvre aussi importante que celle du Dimanche toute son efficacité, il fallait demander à grand cris, pour ainsi dire, un retour vers l'observation de la loi, exciter et diriger toutes les bonnes volontés, payer de sa personne et relier entre elles, afin de leur donner un mutuel appui et plus d'expansion, toutes les associations partielles. Dans la pensée du zélé promoteur, c'était une vaste fédération d'œuvres dominicales qu'il fallait établir sous la direction du Conseil central. Il disait souvent :

« Pour rétablir parmi nous la sanctification du « Dimanche, dont la violation est si générale en « France, des efforts isolés seraient impuissants, il

« faut des associations... L'association a toujours été « la grande force de l'humanité. C'est elle qui décide « du succès de toutes les grandes causes, comme de « toutes les grandes entreprises. Assez longtemps le « mal s'est associé dans l'ombre pour détruire, il « est temps que la défense sociale s'associe au « grand jour, et quand on peut inscrire, comme « nous, une Vérité religieuse sur son drapeau, c'est « pour Dieu et pour la patrie que l'on combat. » Ainsi pensait O' Connell, lorsqu'il préparait l'affranchissement des catholiques d'Irlande et d'Angleterre.

M. de Cissey voulut organiser l'Œuvre dominicale sur le modèle de l'association de la Propagation de la Foi : Un Conseil central, institué à Lyon, relie tous les comités de diocèse et toutes les sections de paroisse. Les associés se groupent par dizaines, sous un chef qui perçoit une minime cotisation de dix centimes par an. Chaque année, des rapports imprimés émanant de toutes les sections rendent compte de l'état de l'Œuvre, et soutiennent l'activité de tous par le bon exemple de tous. Des publications mensuelles, si cela est possible, seront adressées à toutes les sections.

Dieu bénit les intentions du zélé catholique, car il reçut de plusieurs Évêques les plus précieux encouragements. Parmi les nombreuses lettres d'approbation qui soutinrent à son début l'apôtre du

Dimanche, citons celle de Mgr Rivet, Évêque de Dijon, dont M. de Cissey était le diocésain : elle nous montre dans les termes les plus explicites, sinon avec une plus grande autorité, que les idées et les plans du promoteur de l'Œuvre étaient conformes aux vues de l'Épiscopat.

« Dijon, le 19 octobre 1872. »

« Très cher Monsieur, »

« Je ne puis qu'applaudir au zèle pieux qui vous « a porté à accepter la laborieuse mais sainte mis- « sion de propager l'œuvre éminemment chrétienne « *de la Sanctification du Dimanche.*

« Je me ferai un devoir de vous seconder en *con-* « *tresignant* les circulaires et règlements que vous « auriez à adresser à vos associés. A cet effet vous « pourrez les adresser à l'Évêché, d'où on les diri- « gera à leur destination. Il me semble que vous de- « vez vous adresser d'abord à MM. les archiprêtres « du diocèse, et mieux encore peut-être à tous « les doyens pour qu'ils vous indiquent les per- « sonnes qui pourraient propager l'œuvre dans leur « voisinage.

« Par là vous vous assureriez de suite un person- « nel assez nombreux de coopérateurs, qui embras-

« seraient tout le diocèse et y commenceraient la « Sainte croisade contre l'oubli et la trop fréquente « profanation du jour du Seigneur.

« Vous comprenez également, j'en suis sûr, qu'il « importe beaucoup au succès de cette œuvre qu'elle « paraisse, et qu'elle soit en effet, l'œuvre des « fidèles eux-mêmes, et non pas l'œuvre du clergé.

« Nous, prêtres du Seigneur, nous la bénirons, « nous prierons pour son succès, nous la seconderons avec autant de prudence que de dévoûment. « Mais nous nous renfermerons dans le rôle de Moïse « sur la montagne en présence de Josué combattant « dans la plaine. »

Quand M. de Cissey eut achevé son plan d'organisation, il fut permis au Conseil central d'espérer l'approbation du Souverain Pontife pour l'Œuvre dominicale. Alors tous les Évêques de la province de Lyon et Monseigneur l'Évêque de Belley se joignirent à leur vénéré Métropolitain pour supplier le le Saint Père de daigner approuver les Statuts de l'Association. Le zélé propagateur fut chargé de présenter à Pie IX les lettres des Évêques et une supplique du Conseil.

Prosterné, le 7 mai 1873, aux pieds de Sa Sainteté, M. de Cissey lui disait :

Très Saint Père,

« Notre pauvre France est cruellement châtiée, « plus cruellement menacée encore parce qu'elle a « apostasié pratiquement l'une des lois les plus « impérieuses de Dieu, celle par laquelle Dieu « s'est réservé lui-même un jour d'adoration et « d'hommages.

« Lorsque les grandes lois divines sont violées, « de la violation sort le châtiment. Il faut un repos à « l'homme qui travaille. Au lieu de repos du Saint « Jour qui rafraichissait son cœur, l'ouvrier français « a substitué le lundi qu'il passe dans les lieux où, « loin du contact bienfaisant de la famille, il rencon- « tre de coupables excitations.

« De là sa démoralisation, un esprit de subversion « générale et tous les maux qu'il enfante.

« Pour les combattre, nous demandons le retour « de la France à l'observation du dimanche et des « fêtes consacrées par l'Église.

« Dans Lyon, cette Rome des Gaules, qui a en- « fanté l'œuvre de la Propagation de la Foi, nous « avons jeté les fondements d'une grande Associa- « tion réparatrice de la loi du Dimanche. Bientôt, « Très Saint Père, si vous daignez la bénir, cette « association comptera des centaines de mille « associés.

« Les membres de l'Association s'engagent à ne « pas travailler ou faire travailler le Dimanche et à « acheter de préférence chez les marchands qui « observeront la loi dominicale.

« Nous avons pris pour modèle l'organisation de la « Propagation de la Foi. Un Conseil central relie « tous les comités de diocèse, toutes les sections de « paroisse. Deux fois l'an, un rapport imprimé ren- « dra compte de l'Œuvre aux associés.

« Ceux-ci se composent de dizaines de membres « surveillés par un chef de dizaines, qui perçoit la « cotisation de dix centimes imposée à chaque « associé.

« Dieu semble bénir les débuts de notre œuvre; « elle est accueillie favorablement dans toute la « province Lyonnaise.

« Humblement prosterné à vos pieds, Très Saint « Père, j'y dépose une supplique signée par le Con- « seil central. Nos Seigneurs l'Archevêque de Lyon, « les Évêques d'Autun, de Belley, de Dijon, de Gre- « noble, de Langres, ont joint leurs prières aux « nôtres ; je dépose également leurs lettres.

« Nous réclamons humblement, mais instam- « ment, la bénédiction du successeur de Pierre et son « approbation qui, seules, peuvent donner la vie aux « œuvres chrétiennes. Avec elles, si votre Sainteté « daigne nous les accorder, nous serons, non seule- « ment plus forts, mais assurés du succès.

« Très Saint Père, nous voulons sauver notre pa-« trie. Nous voulons fléchir la colère de Dieu irrité « contre elle par la profanation ouverte, habituelle, « du Saint Jour qu'il s'est réservé. Marie, la Mère « des miséricordes, Notre-Dame de la Salette ne nous « l'a-t-elle pas dit ?

« Le châtiment semble imminent, le bras de Dieu « s'appesantit sur nous ! Puisse, ô Très Saint Père, « votre approbation et votre bénédiction nous faire « croître si vite, si vite que notre grande manifesta-« tion réparatrice de foi, d'amour et de retour à la « loi que nous avons violée, diminue la sévérité du « châtiment, afin que bientôt revenus à vos pieds, « nous puissions, dans la joie du triomphe, nous « écrier : Le Christ règne encore sur la France, il est « Vainqueur ! Il est notre vrai maître, et son Vicaire « sur la terre, notre bien-aimé Pie IX, voit tous ses « ennemis à ses pieds !

« Très Saint Père, un bref d'approbation et d'en-« couragement de votre Sainteté mettrait le comble « à vos bénédictions apostoliques et serait pour « notre œuvre le gage des plus grands succès et de « la plus rapide extension. »

M. de Cissey eut le bonheur d'entendre le Pape l'encourager en ces termes dans son généreux dessein :

« Votre œuvre, lui dit Pie, IX, est l'œuvre du « salut de la France... Sans un jour consacré au

« culte de Dieu, il n'y a plus de religion : il n'y a « plus ni prière, ni instruction religieuse. » Et après avoir développé cette idée, il continua en disant : « La France a apostasié la plus grande des lois reli- « gieuses et sociales ; elle a rompu avec le Sei- « gneur ; elle est coupable d'un péché national « mortel. Elle est sous le coup des malédictions du « Sinaï contre les profanateurs du jour que Dieu s'est « réservé. La sainte Mère de Dieu vous en a avertis « à la Salette : N'a-t-elle pas annoncé les châtiments « qui devaient frapper la France ?

« Mon Fils, je ne veux pas que votre œuvre, cette « œuvre du salut de la France que jaime tant, su- « bisse aucun retard ; je ne veux pas que son appro- « bation soit renvoyée à une Commission ; je l'ap- « prouve à l'instant même. » Et de sa main vénérable, le Saint Père écrivit au bas de la supplique le bref suivant :

« Bien chers enfants, c'est maintenant le moment « d'agir, et pourquoi ? Parce que les hommes ont « rompu avec la loi du Seigneur.

« Que le Seigneur vous bénisse, parce que vous « agissez ! Que le Seigneur vous bénisse encore, « afin que vous agissiez avec persévérance.

« Des hommes hostiles ont semé le mauvais grain ; « mais nous, avec l'aide de Dieu, nous devons semer « le bon grain, afin que, tous, nous puissions dans « la joie recueillir une abondante moisson.

« Enfin que Dieu bénisse la France, afin qu'en tout « lieu elle revienne à lui de cœur » (1). Puis il ajou- « ta : Vous voilà en règle, mon enfant ; maintenant « suivez l'impulsion de la grâce, et mettez-vous à « l'œuvre. Je vais peut-être vous contrister, je le « regrette ; mais le salut de la France m'est si cher « que je vous demanderai une chose qui vous sera « peut-être bien pénible. »

« Et laquelle, Très Saint Père, demanda M. de Cissey ?

— « Vous venez d'arriver à Rome ; connaissez- « vous déjà cette ville si intéressante ?

— « Non, Très Saint Père, j'y viens pour la pre- « mière fois.

« Je vais donc bien vous contrister ; car la visite « de Rome est la plus intéressante que puisse faire « un chrétien : L'âme, le cœur, l'intelligence y trou- « vent les plus consolantes impressions. Mais, mon « enfant, le salut de votre pays est plus intéressant « encore. Ne perdez pas un jour, pas une heure,

(1) *Filii dilectissimi ! nunc tempus faciendi ; et quare ? qui dissipaverunt legem Domini !*

Dominus vos benedicat quia facitis ! Dominus iterum vos benedicat ut constanter faciatis !

Inimici homines seminaverunt zizaniam et, nos, adjuvante Deo, debemus seminare triticum, ut omnes possimus cum exultatione portare manipulos abundantes !

Tandem Deus benedicat Galliam ut ne omni loco redeat ad cor !

PIUS, P.-M. IX.

« pas une minute. Partez demain, et mettez-vous à « cette grande œuvre du retour de la France à la « Sanctification du Dimanche. Accordez au Saint « Père la demande qu'il vous adresse. Soyez mon « missionnaire ; organisez partout votre œuvre de « salut ; elle seule peut sauver la France, et arrêter « les châtiments qui la frappent et qui la frapperont « encore, si elle ne se réconcilie pas avec Dieu en « revenant à l'observation du jour qu'il s'est réservé, « Je vous bénis, vous et tous ceux qui vous ai- « deront, dans cette œuvre nationale du salut de « votre patrie. »

Le jour même de cette audience inoubliable, M. de Cissey, faisant avec joie le sacrifice que lui demandait le Souverain Pontife, prenait le chemin de la France.

CHAPITRE VIII.

Œuvre de la Sanctification du Dimanche, deuxième période. — M. de Cissey prépare ses conférences sur le Dimanche. — Pèlerinage à Ars. — Lettre de Mgr l'Évêque de Dijon. — Zèle du propagateur de l'Association Dominicale. — L'Œuvre est agrégée à la grande Archiconfrérie de Rome.

Après avoir reçu de Pie IX la mission d'organiser et de propager partout l'œuvre « du salut », M. de Cissey ne put refuser le titre de Président général que le Conseil central le pria unanimement d'accepter. Plein de confiance dans les bénédictions du Souverain Pontife et soutenu par l'ardeur de son zèle, il se prépara sans retard à propager dans toute la France l'Association dominicale. D'abord il pensa que, pour ramener les populations au respect du jour de Dieu, il devait étudier sous tous les aspects cette loi dont l'importance est si étendue, que son observation conduit à l'accomplissement de toutes les autres lois.

Bien qu'il eut dépassé la maturité de l'âge, il avait alors cinquante-sept ans, il se livra avec la plus généreuse énergie aux rudes labeurs de la composition. M. de Cissey, nous l'avons remarqué, était doué d'un rare talent de parole ; mais il comptait peu sur ses aptitudes, et, persuadé que le travail rendrait son apostolat plus méritoire aux yeux de Dieu et plus fructueux pour ses auditeurs, il prépara soigneusement ses conférences. Il entassa les notes, les documents les plus variés et les plus complets sur la loi dominicale. Les longues heures d'études et les veilles prolongées ne lui demandaient qu'un petit effort ; il avait une puissance de travail extraordinaire. Ses discours écrits en entier dans le silence du cabinet n'avaient pourtant rien de vague et d'indéterminé ; comme son œuvre s'adressait à toutes les classes de la société, il adaptait ses conférences aux différents auditoires devant lesquels il serait appelé à porter la parole. Aussi on pouvait redire de lui, avec une légère variante, que, dans la préparation de son apostolat, « il ne laissait rien à l'inspiration du moment ni au hasard de ce qu'il pouvait leur ôter par la prévoyance et l'étude. »

C'est à Ars, après son retour de Rome, que M. de Cissey inaugura sa belle mission. Un grand pèlerinage du Midi arrivait, à cette époque, dans l'église d'Ars au tombeau vénéré du saint Curé, qui recommandait avec tant de zèle la Sanctification du dimanche. On comptait environ quatre mille pèlerins. Le vaillant propagateur de l'association saisit avec empressement cette occasion de la faire connaître ; il se joignit au pèlerinage et il allait de groupe en groupe, signalant l'œuvre du salut bénie par le Saint Père, avec une prédilection si recommandable, redisant sans cesse avec une satisfaction toujours nouvelle les mêmes explications et sollicitant les adhésions. Tous les pèlerins s'enrôlèrent dans la sainte ligue du Dimanche, et une vingtaine de prêtres, la plupart curés de villes, portèrent la bonne semence, recueillie sur la tombe du Curé d'Ars, à Cette, à Agde, à Montpellier et dans quelques autres villes. Elle germa partout et donna une abondante moisson : Un grand nombre de marchands de toutes ces villes souscrivirent l'engagement de fermer leurs magasins le Dimanche.

Mgr Richard, Évêque de Belley, aujourd'hui Cardinal-Archevêque de Paris, qui avait admiré à Ars le zèle et le tact de M. de Cissey, encouragea l'établissement de l'œuvre dans son diocèse. Nos Seigneurs les Évêques d'Autun et de Dijon applaudissaient au dévoûment du vaillant catholique, tandis que Mgr Turinaz, alors Évêque de Tarentaise, lui donnait de fréquents témoignages d'une fervente sympathie.

« J'aime à penser, lui écrivait Mgr l'Évêque de « Dijon, que votre apostolat fait un progrès conti- « nuel. Toutefois je serais bien surpris, si le démon « que vous attaquez dans son Fort ne faisait pas con- « tre vous quelques rigoureuses sorties.

« Il faut vous y attendre. Mais vous n'en serez « pas trop alarmé : « Je puis tout en Celui qui me « fortifie, » disait l'Apôtre (1). Rempli de la même

(1) Épître aux Philippiens, IV, 13.

« foi et soutenu par la même confiance, vous mar-
« cherez quand même, vous souvenant que le Vi-
« caire de Jésus-Christ a béni tout particulièrement
« votre sainte croisade en votre personne et en vos
« collaborateurs présents et à venir. Si Dieu est pour
« nous, qui sera contre nous (1)? Ce qui ne veut
« pas dire que personne n'osera nous attaquer, mais
« bien : que nous sommes assurés de ne pas être
« vaincus. »

Le cardinal Pitra aussi l'animait à la propagation d'une œuvre dont il lui représentait en ces termes l'excellence : « Je ne saurais trop vous remercier
« de vos consolantes lettres et vous féliciter de votre
« apostolat, le plus grand service que vous puissiez
« rendre à la France et à l'Église. Si M. de Cissey,
« votre parent, remonte notre armée, fut-il aussi
« heureux qu'il est impuissant peut-être, il aura
« moins fait que vous pour notre patrie (2). »

M. de Cissey suivait avec allégresse les conseils et répondait aux encouragements en donnant à son zèle une plus grande expansion. La pensée de l'œuvre du dimanche dominait chez lui toute autre préocupation ; il faisait servir à son développement

(1) Épitre aux Romains, VIII, 31.

(2) Le Cardinal Pitra tenait en haute estime l'apôtre du Dimanche; il disait à M. le Chanoine Bugniot, son compatriote : « S'il y avait en France dix hommes animés du zèle de M. de Cissey, notre pays serait bientôt régénéré. »

tous les moyens dont il pouvait disposer et profitait de toutes les occasions.

Quand il avait trouvé une personne qui se recommandait par son zèle pour les œuvres catholiques, il entrait aussitôt en rapport avec elle, quelle que fût sa condition ; et il lui représentait que, pour consolider et perfectionner toutes les œuvres, il fallait y ajouter l'œuvre par excellence de la Sanctification du Dimanche ; ceux qu'il recherchait de préférence, c'étaient les associés actifs, les coopérateurs.

Rencontrant à Ars une fervente catholique, très dévouée aux œuvres eucharistiques, il lui dit : « Il « n'y a qu'une chose possible aujourd'hui, c'est le « Dimanche » ; au lieu d'attirer tant de pèlerins aux « congrès eucharistiques, il faut nous appliquer de « toutes nos forces à organiser de nombreux pèle- « rinages à nos églises, le Dimanche. » Cette personne, qui est très distinguée, devint, comme tant d'autres, à la voix de M. de Cissey, une zélatrice des plus actives. Ainsi il alla toujours son chemin, appelant à l'œuvre du salut et groupant partout où il passait les catholiques dévoués ; et il en formait de solides comités : C'étaient « les états-majors de la fédération dominicale. »

Pour faire comprendre la nécessité sociale de la Sanctification du Dimanche, il avait des arguments à lui, nets, lucides, aussi justes que nouveaux et sai-

10

sisants : Tantôt il comparait le mal que la profanation du jour de Dieu cause à la société, à l'action corrosive et désastreuse du phylloxéra dans les vignes ; tantôt à un torrent dévastateur ; pour lui le Dimanche c'était la racine bénie et vigoureuse d'où naissent, comme autant de rejetons, toutes les bonnes institutions ; c'était le fondement qui supporte tout l'édifice social ; c'était une digue, un rempart qui devait préserver notre pays de l'invasion des doctrines subversives et des mauvaises mœurs.

Dans une grande réunion de dames convoquées à Lyon, sous la présidence du cardinal Caverot, M. de Cissey, invité à porter la parole en faveur de son œuvre, disait à ces personnes zélées : « J'admire beaucoup, mesdames, vos œuvres lyonnaises ; ce sont des fleurs qui jettent un vif éclat et donnent d'heureux fruits. Mais prenez garde, il arrive quelquefois qu'un torrent dévastateur se précipite sur un jardin cultivé avec soin et le change tout à coup en un désert stérile. Tel est le torrent de l'irréligion et de l'abrutissement qui nous menace. Que restera-t-il bientôt de vos institutions admirables de charité, si vous ne vous mettez en peine d'opposer une digue au torrent ? Cet ouvrage de défense n'est autre que l'Association pour procurer la Sanctification du Dimanche. C'est l'œuvre du salut national, proclamée par la Sainte Vierge elle-même, pleurant d'avance nos malheurs sur la montagne de la Salette. » Il développait ces idées en toute occasion, devant un groupe d'amis, un petit comité disposé à l'entendre, ou devant une famille qu'il visitait, avec verve, clarté et chaleur. Dans ces entretiens familiers, il restait néanmoins maître de lui et de sa parole ; c'était toujours l'homme de bonne société.

Mais le fervent chrétien, après avoir déployé une très grande activité, comme s'il avait tout à faire, attendait tout le succès des bénédictions de l'Église. C'est d'elle qu'il voulait recevoir la lumière et l'impulsion, et il déterminait docilement la sphère de son action sur la portée des instructions qu'il avait reçues. Quelques mois après la mémorable audience du 7 mai, le Conseil central de l'Œuvre et les bureaux des vingt sections établies à Lyon envoyèrent par l'initiative de M. de Cissey, une nouvelle adresse au Souverain Pontife : « En le remerciant de sa première approbation qui nous a donné la vie, disait le pieux Président dans un rapport, nous en réclamions une seconde qui nous fît croître de plus en plus, et avec elle, une indulgence plénière pour notre réunion générale annuelle. Pie IX signa encore de sa main vénérable au bas de l'adresse ces consolantes paroles :

Que le Seigneur vous bénisse ! Qu'il continue à vous diriger dans la bonne voie et que toutes vos demandes vous soient accordées selon les conditions ordinaires de l'Église.

« Témoignages très précieux, ajoutait M. de Cissey, qui soutiendront à jamais nos cœurs et ne permettront pas qu'ils défaillent, quelle que soit la tempête. »

Ce fut alors que le Saint Père, agrégeant l'Association dominicale de France à la grande archiconfrérie *Prima-primaria* de Rome, accorda aux membres de l'Association toutes les nombreuses indulgences dont jouit cette archiconfrérie.

Cependant le progrès de l'Œuvre était laborieux. « Ce qui est lent à croître est long à durer, » dit le Père Lacordaire. Il fallait agir sans relâche pour étendre l'influence de l'Association, et M. de Cissey multipliait les démarches, sollicitant les adhésions, cherchant les associé actifs et organisant les sections ; si bien que dans la seule ville de Lyon l'Œuvre comptait pourtant, au commencement de 1874, environ vingt mille adhérents. Il est vrai qu'elle était peu connue au delà de cette ville. Alors le zélé propagateur, pour signaler avec plus d'éclat à l'opinion publique l'Œuvre du salut national et pour accréditer la mission que lui avait donnée le Souverain Pontife, voulut que l'Association s'affirmât au grand jour dans une imposante manifestation.

Après avoir obtenu l'approbation de l'autorité ecclésiastique, il pria Mgr Turinaz de venir à Lyon prêter à la sainte cause du Dimanche le concours de sa puissante parole. Puis il fit un appel à tous les adhérents de l'Œuvre ; il fallait se compter, disait-il, il fallait, en réunissant tous ses membres, donner à l'association disséminée, dans la grande ville le sentiment de sa force, l'attrait et le soutien réciproques des bons exemples. Et la vaste église Saint-Bonaventure s'emplit comme aux plus beaux jours de fête. Mgr l'Évêque de Tarentaise répondit pleinement à sa haute renommée d'orateur et à l'attente de son magnifique auditoire : Son discours, vrai jet de flammes, tout frémissant des ardeurs apostoliques, écrivait un témoin, retentit dans toute la grande cité lyonnaise, comme la proclamation solennelle de la croisade Dominicale de France. Il fut aussi le signal des courses apostoliques de M. de Cissey.

Le vaillant champion de la loi de Dieu provoqua aussitôt, des réunions à Beaune, à Chambéry, à Mâcon, à Dôle, à Lons-le-Saulnier, à Trévoux et à Belley ; toutes ces villes, où la renommée de son zèle l'avait précédé, répondirent à ses éloquentes exhortations en donnant chacune à l'Œuvre naissante des centaines d'associés. Dans la même année, un congrès catholique s'assemblait à Lille. Mgr Reignier, Cardinal Archevêque de Cambrai, invita M. de Cissey à s'y rendre et à établir dans son diocèse l'Association dominicale ; « il bénissait de tout son cœur cette excellente œuvre. » C'est dans la grande assemblée des vaillants catholiques du Nord surtout que se révélèrent l'importance de l'Œuvre du salut national et l'éloquence de l'Apôtre : La parole ardente de l'orateur souleva des applaudissements enthousiastes ; sur l'invitation de Mgr l'Évêque de Lydda et du congrès, tout l'auditoire, qui était composé de trois mille personnes, s'engagea par acclamations à faire partie de l'Association et à la propager activement.

Les réunions se suivirent rapidement avec le même succès dans les principales villes du diocèse ; Tourcoing, Roubaix, Douai entendirent les pressants appels de M. de Cissey. Son œuvre, qui donnait une expression et une force nouvelles aux sentiments de ces populations chrétiennes, fit de rapides progrès ; c'est par milliers que les catholiques de la Flandre donnèrent leur adhésion à la ligue dominicale.

La vivacité de la foi et la constance dans les résolutions s'animaient chez le zélé promoteur de tous les succès pour étendre sans cesse la pieuse fédération. L'expansion de l'Œuvre, c'était l'objet de toutes ses pensées et de tous ses efforts. « Il se dépensait, nous écrit un ecclésiastique très haut placé, il se dépensait et se vouait tout entier à la croisade qu'il avait entreprise, il lui donnait sans compter son temps, ses forces, sa santé, les ressources de son esprit, l'énergie persévérante de sa volonté et l'éloquence de son cœur. » Un mois après le congrès de Lille, M. de Cissey avait convoqué une très nombreuse réunion dans le palais du Commerce de Lyon.

« La vaste salle des assemblées industrielles, dit un compte rendu de l'époque, s'est bientôt trouvée insuffisante ; il a fallu descendre dans la grande salle de la Bourse, qui a été remplie en un instant ; les tribunes regorgeaient d'auditeurs, et nous avons eu le spectacle d'un de ces remarquables meetings pacifiques dans lesquels nos voisins d'outre-Manche prennent toutes leurs résolutions. Dans cette foule immense de catholiques de toutes les conditions, le calme était complet. On sentait qu'il n'y avait que des frères de foi, ardents, convaincus, sérieux, bienveillants les uns pour les autres.

M. de Cissey a exposé la nécessité du repos sanctifié du Dimanche, par rapport à l'homme, à la famille et à la société. Il a montré les chutes profondes des peuples qui oublient le respect du jour de Dieu, et les conséquences funestes de la violation de cette grande loi sociale frappant les peuples dans leur vie sociale elle-même. Il a conjuré les œuvres catholiques représentées à cette immense réunion de s'agréger à la grande fédération, dont il est le Président. Elles pratiquent déjà la loi du Dimanche ; elles n'ont rien à modifier, rien de plus à faire. Il a réclamé leur appui, leur concours pour la propagation de l'association dominicale qui, comme la Propagation de la Foi, doit devenir une des grandes œuvres Lyonnaises et une des gloires de notre catholique cité. Enfin il a demandé des auxiliaires pour la direction de l'Œuvre.

Des applaudissements unanimes lui ont prouvé que sa parole généreuse avait trouvé un profond écho dans tous les cœurs, et que son appel était accepté et ratifié par tous. »

Monseigneur l'Évêque de Tarentaise, qui aimait à donner à l'œuvre de M. de Cissey la lumière de ses conseils et le prestige de son éloquence entraînante, prit ensuite la parole : Il prouva que la Sanctification du Dimanche répond admirablement aux trois grandes idées de *liberté*, *d'égalité* et de *fraternité*. Ces pensées furent développées avec l'entraînement d'une éloquence pleine de feu qui, à chaque instant, soulevait des acclamations enthousiastes. Puis il conjura avec une vive émotion tous les auditeurs de s'agréger à l'œuvre par excellence de la Sanctification du Dimanche, à répondre enfin à l'appel si éloquent du Président de la nouvelle association.

Quand les mauvais laïques attaquent les plus saintes institutions, qui pourrait trouver singulier que les bons, faisant alliance avec le clergé sans gêner la liberté de son ministère ni méconnaître son autorité, les défendent de leur mieux ? Cette entente entre le clergé et les catholiques simples fidèles pour la défense de l'ordre social était, pensons-nous, le rêve de Joseph de Maistre (1), l'illustre compatriote de Mgr Turinaz.

La mémorable séance du palais de commerce fut signalée par un épisode édifiant, que nous tenons à rapporter. Après la réunion, un des auditeurs, qui portait aussi un beau nom, touché des appels réitérés que les orateurs avaient faits au dévoûment des catholiques, alla trouver M. de Cissey et, avec la générosité facile d'un homme habitué à faire simplement les grandes choses, il lui présenta son fils en le priant d'accepter les services du jeune homme. Celui-ci qui avait les pensées et les affections de son père offrit aussitôt de la meilleure grâce sa coopération. Pour servir la sainte cause du Dimanche, il renonçait pourtant à une haute situation. M. de Cissey s'empressa d'accueillir un coopérateur aussi généreux, et les associés savent avec quelle persévérance et quel succès M. des G. s'est dévoué depuis ce jour à la prospérité de l'œuvre dominicale.

Les grandes manifestations que savait susciter l'intelligent promoteur attirèrent de plus en plus l'attention sur l'œuvre dominicale ; elles montrèrent que c'était vraiment l'œuvre du jour, parce qu'elle répondait aux aspirations qui étaient dans tous les cœurs honnêtes. Bientôt, sur l'invitation de nos Seigneurs les Évêques, l'infatigable apôtre porta la

(1) Du Pape, préface.

flamme de son zèle à Avignon, à Carpentras, à Nîmes, à Marseille, à Aix et à Annonay. Partout la même avidité de l'entendre, le même accueil enthousiaste et le même empressement à se faire inscrire sur les listes d'adhésion.

Après quelques jours de repos, il poursuivit son apostolat à Tours, à Orléans, au Mans, à Nantes et dans quelques villes du Nord. Nous ne pouvons suivre le grand chrétien dans le cours de ses conférences, malgré tout l'intérêt qui s'attacherait à un récit complet de ses succès oratoires et du mouvement de réparation religieuse et sociale qu'il provoquait partout. Dans cette glorieuse et pacifique croisade, il y a toutefois des phases qui fixent plus particulièrement l'admiration.

Au Mans on ne trouva pas de local assez vaste pour la première réunion. Quoique l'on eût eu à peine le temps d'annoncer la conférence, trois mille personnes environ accoururent ! Il fallut les réunir dans une des cours du collège Sainte-Croix, et l'apôtre du Dimanche dut parler en plein air à cette foule avide. Sa parole excita les plus vives sympathies ; à chaque instant éclataient les applaudissements et les acclamations. Le cœur de Mgr d'Oultremont débordait de joie. L'association dominicale du Mans devint en quelques semaines une des plus florissantes ; elle obtint la fermeture de tous les magasins recommandables, et le nombre des associés dans la seule ville épiscopale atteignit le chiffre de sept mille.

Le succès ne fut pas moins éclatant à Nantes. A la suite de magnifiques réunions quatre mille dames se firent inscrire dans l'association, et le nombre des hommes n'était pas inférieur. Ces heureux résultats causèrent une si vive joie à Mgr l'Évêque, qu'à une réunion de mille hommes qu'il présidait, touché jusqu'aux larmes, il se leva et vint presser sur son cœur M. de Cissey, en le remerciant d'avoir établi dans son diocèse l'œuvre du salut social.

C'était un spectacle ravissant, digne de réjouir l'Église, que celui de ces imposantes manifestations religieuses et du retour de villes entières à l'observation du précepte le plus important du Décalogue, à l'appel d'un zélé catholique. Dans plusieurs villes, le désir d'entendre l'apôtre du Dimanche était si ardent, l'élan en faveur de l'association était si populaire qu'on ne pouvait trouver de salle assez grande pour tenir la réunion ; alors les cloches des cathédrales convoquaient solennellement les fidèles, et les grandes basiliques s'emplissaient de foules immenses sous la présidence de Nos Sgrs les Évêques. Ce mouvement de rénovation religieuse se manifesta en Champagne et dans le voisinage de Paris, comme dans les contrées plus chrétiennes de l'Ouest : Sedan, Charleville, Châlons-sur-Marne, Langres, Troyes, entendirent la parole entraînante de l'apôtre et lui firent honneur en donnant à la ligue dominicale des milliers d'associés. Racontons une particularité des plus intéressantes qui signala l'établissement de l'œuvre à Châlons-sur-Marne :

Un saint Évêque de ce diocèse, Monseigneur de Prilly, avait appelé dans sa ville épiscopale une pieuse communauté des Sœurs de l'Adoration-Réparatrice de la violation du Dimanche, et, en mourant, il voulut que l'on gravât sur sa tombe ces simples paroles, qui exprimaient sa principale et constante préoccupation :

Les dimanches tu garderas
En servant Dieu dévotement.

Lorsque M. de Cissey remplissait sa mission, il y avait plus de vingt ans que les saintes religieuses de l'Adoration-Réparatrice faisaient monter vers le ciel leurs prières et leurs généreux sacrifices, pour expier la faute que le Cardinal Mermillod appelait *la grande prévarication de notre siècle* et pour obtenir le retour des peuples à l'observation du jour consacré. Or, à l'heure où le zélé propagateur se disposait à établir l'association à Châlons, les contretemps et les obstacles de toutes sortes paraissaient lui en fermer l'entrée. L'œuvre était jugée impossible : des journaux lui faisaient une violente opposition et les représentants du pouvoir public donnaient volontiers à l'autorité ecclésiastique des conseils timides et des avis peu rassurants.

Les prières des saintes religieuses de l'Adoration réparatrice touchèrent sans doute le cœur de Dieu, car sa Providence changea soudain les esprits et prépara si bien les événements, que l'arrivée de l'apôtre du Dimanche, qui n'avait pas soupçonné tant de difficultés, fut saluée avec un enthousiasme mêlé d'étonnement. Admirable pouvoir d'une bonne prière ! Elle s'élève, invisible aux yeux du monde, jusqu'au trône de Dieu, elle s'y présente humble, pure, confiante ; elle dispose de la Toute-puissance, elle écarte les obstacles et revient triomphante. M. de Cissey qui, nous le verrons dans la suite, avait pour règle de parler et de faire parler à Dieu de son œuvre avant d'en parler aux hommes, attribuait l'heureux accueil qu'il reçut dans cette ville aux suffrages persévérants de la pieuse Communanté.

C'est dans sa cathédrale que Mgr Meignan, aujourd'hui Cardinal Archevêque de Tours, voulut présenter M. de Cissey à son peuple ; il répondait avec une noble indépendance à toutes les observations suggérées par la prudence humaine : « Je suis maître dans ma cathédrale, et je veux rester maître. Un Évêque a le droit de se faire aider par un catéchiste. » Les cloches de la basilique n'avaient pas encore cessé de sonner que cette vaste église était déjà remplie du grand autel jusqu'au portail. Le vénérable prélat pria ses diocésains d'écouter l'apôtre du Dimanche comme son cathéchiste. Puis il l'invita par une délicate attention à prendre la parole près de la tombe de Mgr de Prilly. Le saint Évêque, « qui parle encore après sa mort, » bénit du haut du ciel le discours de l'éloquent défenseur de la loi : le succès fut des plus consolants, presque tous les assistants entrèrent dans la ligue dominicale. Un comité diocésain se forma le même jour sous la présidence de Monseigneur pour établir l'association dans tout le diocèse.

Parmi les nombreux témoignages de confiance que M. de Cissey reçut de l'épiscopat, nous tenons encore à publier la haute approbation de Mgr Cortet, Évêque de Troyes, car elle caractérise avec précision et montre sous son vrai jour l'apostolat du zélé propagateur de l'œuvre dominicale. M. de Cissey venait de prononcer un de ses plus éloquents discours devant une imposante réunion convoquée dans la salle du cercle catholique; l'éminent prélat, après avoir applaudi chaleureusement avec toute l'assemblée, ajouta ces réflexions :

« Un scrupule a pu s'élever, dit-il, dans certaines « personnes délicates en voyant un Évêque entouré « de son clergé écouter la parole d'un laïque sur un « sujet tel que le repos et la sanctification du Diman« che. Sans doute il y a un laïcisme que l'Église ne « peut tolérer, un laïcisme prétentieux qui va toujours « de l'avant, qui veut donner le mot d'ordre et qui, ne « consentant jamais à reculer, quand même il s'est « aventuré sur un terrain dangereux, compromet la

« cause qu'il a la prétention de servir. Mais quand « un laïque béni par le Souverain Pontife, respe- « ctueux de l'autorité épiscopale, vient apporter au « clergé le concours d'une foi éclairée, d'une parole « convaincue, quand ce laïque vient prêcher à nos « populations chrétiennes le repos et la sanctifica- « tion du Dimanche, oh ! alors l'Église ne peut qu'ap- « plaudir ; la place de ce laïque est belle, je ne puis « que la bénir. »

C'était bien là en effet toute la mission et la pensée de M. de Cissey : il redisait sans cesse qu'il n'était que l'auxiliaire du clergé. Sachant qu'une grande partie de la population, hélas ! repousse notre habit, notre parole et même nos bénédictions, il n'avait d'autre ambition que de faire pénétrer la vérité religieuse, sous la direction absolue du prêtre, chez des multitudes que le prêtre n'aborde jamais. Il écrivait : « Notre Œuvre n'est en tous lieux que la mise en pratique des conseils et des encouragements de Nos Seigneurs les Évêques, et l'humble mais empressée déférence que nous apportons à leur haute direction est le meilleur gage de nos succès. »

Un jour, quelqu'un parlait devant lui d'une Société dominicale qui, ne voyant dans le repos du premier jour de la semaine qu'une institution philanthropique et utilitaire, prétendait se propager en dehors de toute influence religieuse ; elle avait même jugé prudent de ne pas recevoir un Évêque dans une de ses réunions :

« Ah ! dit tranquillement M. de Cissey, ils veulent se passer des bénédictions de l'Église ; eh bien ! ils n'obtiendront aucun succès. » C'est le cas de redire les paroles de Mgr Parisis en les appliquant à l'apôtre du dimanche : « Il n'avait ni le caractère sacramentel que notre monde sécularisé blasphème, ni l'autorité qu'il repousse, ni la vie à part qu'il critique ; mais il avait l'intelligence et le zèle nécessaires pour remplir, non les fonctions réservées à la hiérarchie ecclésiastique, mais les fonctions sociales qui sauveront la société. »

C'est pourquoi Nos Seigneurs les Évêques, heureux de trouver un auxiliaire qui apportait au service du clergé un dévoûment aussi éclairé que docile, saisissaient toutes les occasions favorables de mettre son œuvre en évidence et de l'établir dans leurs diocèses. C'est ainsi qu'un magnifique Congrès catholique réuni à Poitiers, sous la présidence de plusieurs Évêques, rappelant les paroles adressées par Pie IX à M. de Cissey, proclamait que « l'Œuvre dominicale est celle du salut de notre patrie ; » et il émit à l'unanimité le vœu que les catholiques organisassent des comités diocésains destinés à propager « l'Œuvre dominicale de France. » Ensuite le missionnaire de Pie IX fut invité à porter la parole devant le Congrès. Parmi les hauts personnages de l'assemblée se trouvait Mgr Nardi, auditeur de la Rote. Ce prélat distingué avait reçu du Souverain Pontife la mission de le représenter aux fêtes du Centenaire d'O'Connel et, à son retour d'Angleterre, il s'était arrêté à Poitiers pour assister au Congrès. Voici les réflexions que lui inspira le discours de M. de Cissey :

« Il y a quinze ans, un laïque appartenant à la classe « élevée de la société ne se fut jamais rencontré pour « faire entendre à cet auditoire si considérable un « discours sur la nécessité de l'observation du « Dimanche, avec ces hardiesses chrétiennes qui ne « reculent devant rien ! et si cela se fut trouvé, cet « orateur n'aurait obtenu qu'indifférence, sinon des « murmures, tandis qu'aujourd'hui ce discours a été « accueilli avec d'universels applaudissements, du « commencement jusqu'à la fin. » Mgr Nardi, fut plus frappé de cette réunion que de tout ce qu'il avait vu en France ; il y trouva le gage des plus consolantes espérances. Il félicita vivement M. de Cissey et promit d'être son intermédiaire le plus dévoué près du Saint Père.

Il est une autre protection très puissante que l'apôtre du Dimanche, dans la ferveur de sa piété, aimait à regarder comme la sauvegarde la plus sûre de l'Œuvre dominicale, c'est la protection de Notre-Dame de la Salette. Il garda toujours dans son cœur une profonde et très heureuse impression du pèlerinage qu'il avait fait en 1872, et il disait volontiers que si l'œuvre était née à Lyon, elle avait grandi et s'était propagée sous la main toute-puissante de Notre-

Dame de la Salette. La Sainte Vierge était à ses yeux la patronne spéciale de l'Association.

De fait, le premier crime que Marie a reproché à la France, c'est la violation impie de la loi du Dimanche, et la dernière parole qu'elle a adressée aux enfants, en remontant au Ciel, c'est la recommandation de « faire passer ses avertissements à son peuple. » Or, l'œuvre dominicale que propageait avec un zèle infatigable M. de Cissey réparait le mal de la grande prévarication nationale et, en faisant écho dans toute la France, comme nous le remarquerons, aux avertissements solennels et miséricordieux donnés sur la sainte montagne, l'apôtre répondait précisément au désir de la Reine du ciel. Quelle œuvre entreprise pour la gloire de Dieu pouvait, à plus juste titre que l'Association dominicale, invoquer la protection particulière de la Sainte Vierge ?

Animé de tous ces sentiments, il se fit un devoir de prendre part au grand pèlerinage accompli en 1876, au trentième anniversaire de l'apparition. Avec l'autorisation de Mgr l'Évêque de Grenoble qui présidait cette magnifique cérémonie, il adressa publiquement à Notre-Dame de la Salette l'hommage de sa reconnaissance filiale pour la protection si manifeste, disait-il, qu'elle avait accordée à l'œuvre de réparation ; il la pria de recevoir l'offrande de tous ses efforts, de tous ses travaux et de toute sa vie qu'il consacrait au service de l'Association dominicale.

Ensuite Mgr l'Évêque de Grenoble le conduisit à l'endroit même où les enfants aperçurent la Reine du Ciel et de la terre pleurant sur les égarements de « son peuple », et l'invita à proclamer la nécessité de l'œuvre réparatrice devant une multitude de cinq à six mille pèlerins. L'apôtre dit pourquoi la Mère de Dieu est venue sur cette montagne, il dit l'appel qu'elle avait adressé à la France, rappelant en paroles enflammées ses reproches si miséricordieux et trop justifiés, exposant de quelle manière l'œuvre dominicale ainsi que l'Archiconfrérie Réparatrice de Saint-Dizier remplissaient les désirs de Marie, racontant les luttes et les triomphes de l'Association et flétrissant avec les accents d'une vive et pieuse indignation la profanation du jour consacré ; enfin il conjura ses auditeurs d'annoncer partout la fondation de l'œuvre du salut national et de se faire les messagers de la Reine du Ciel en transmettant à tous leurs compatriotes ses maternels avertissements. L'émotion de l'orateur et l'ardeur de son zèle se communiquèrent à tous les pèlerins, des acclamations enthousiastes, des vivats incessants en l'honneur de Marie, de l'Association et de son apôtre s'échappèrent de toutes les poitrines.

Mais M. de Cissey ne se bornait pas à ces éloquents discours, ni à la jouissance du succès de sa parole ; en homme pratique, il se mettait toujours en rapport avec les personnes qui lui paraissaient dévouées; après les grandes réunions il s'entretenait à part, individuellement avec les pèlerins, sollicitait leur sadhésions et les priait de former un comité de l'œuvre, de composer au moins une dizaine d'associés dans leur ville. Avec ses manières distinguées et affables, son accent de profonde et pieuse conviction, il faisait toujours des conquêtes. Les premiers groupes qu'il avait gagnés à sa cause devaient plus tard servir de point d'appui à sa propagande, préludaient à l'établissement complet de l'œuvre et préparaient l'arrivée de l'Apôtre du Dimanche.

Tels furent les débuts de l'Association à Rouen, à Abbeville, à Soissons, à Laval et à Angers. Toutefois, dans l'Ouest, le bon exemple donné par le Mans contribua plus efficacement que tous les efforts isolés à la propagation de l'œuvre du Salut national. « Aujourd'hui, disaient les étrangers, le Mans ressemble à une ville anglaise, le Dimanche. » Mgr Freppel, à qui un vénérable religieux faisait connaître l'étonnant retour au respect du jour de Dieu opéré dans cette ville, se refusait d'abord à croire à un tel succès : « Ce n'est pas possible, disait-il, ce n'est pas possible. » Mais il fallut se rendre à une évidence bien consolante, et l'illustre Évêque approuva avec bonheur l'organisation de l'œuvre dans son diocèse.

L'année suivante, M. de Cissey parut à Angers.

Son passage y fut signalé par un incident des plus imprévus : au moment où l'élite des catholiques de la ville allaient, pour l'entendre, se réunir dans la chapelle du *Corpus Domini*, arriva un ordre du ministère des cultes interdisant à l'apôtre du Dimanche de prononcer ses discours dans un édifice consacré au culte. Toute la presse catholique protesta contre la prétention d'un ministre qui s'arrogeait le droit de faire la police dans les églises. C'était un empiétement sur les fonctions du clergé. Mgr Freppel qui était alors absent s'empressa d'écrire au ministre pour protester contre cet arrêt arbitraire ; il déclara que, s'il s'était trouvé dans sa ville épiscopale, il lui eut été impossible de supporter une pareille atteinte aux prérogatives de l'épiscopat. On faisait encore remarquer avec raison que, quinze jours auparavant, un officier protestant avait pu faire, sans provoquer aucun interdit, une conférence dans le temple protestant de la même ville.

Cependant M. de Cissey savait que plus le zèle a de ferveur, l'esprit de vivacité, et la charité d'étendue, plus il faut apporter de discrétion pour régler le zèle, modérer la vivacité de l'esprit et pratiquer le dévoûment avec ordre et à propos (1). Il dirigeait avec cet esprit de force et de suavité la vaste association.

(1) Saint Ambroise, commentaire du psaume 118.

C'était lui, en effet, qui adressait ces instructions aux associés actifs : « Nous recommandons à tous nos membres l'esprit le plus conciliant, nous voulons par-dessus tout éviter toute réaction hostile. » Aussi, attentif lui-même à éviter tout froissement, toute réaction hostile, et dégagé de toute préoccupation personnelle, il renonça par dévoûment pour l'œuvre dominicale à user d'un droit, qui paraît néanmoins incontestable.

Dieu bénit cette abnégation. Dans plusieurs réunions privées, devant lesquelles le missionnaire de Pie IX porta la parole, un très grand nombre de catholiques répondirent à son appel. L'œuvre fut organisé et se ramifia dans toute la ville ; bientôt Angers rivalisa de zèle avec le Mans dans l'observation du troisième précepte. Ensuite plusieurs diocèses du Midi, Auch, Toulouse, Rodez et Carcassonne que l'infatigable apôtre visita entrèrent dans la ligue dominicale.

Dans ses courses apostoliques, M. de Cissey ne s'appartenait pas ; il n'avait de pensée et d'activité que pour la diffusion de son œuvre, il était tout à elle. Il prononçait deux, trois discours devant des auditoires différents, et quelquefois il terminait sa journée par une quatrième conférence dans une ville voisine. C'étaient une assemblée générale de catholiques, une réunion des conférences de Saint-Vincent de Paul, une communauté religieuse, qui désiraient entendre l'apôtre du Dimanche. Une réunion en provoquait une autre ; une porte s'ouvrait d'abord, elle donnait aussitôt entrée dans un second auditoire. Et l'orateur était toujours prêt.

Ainsi le missionnaire de Pie IX poursuivait son grand apostolat, recevant des accueils enthousiastes, rencontrant ça et là des froideurs, essuyant même des refus inexpliqués ; mais veillant toujours sur sa sensibilité et sur sa brillante imagination, qui donnait parfois l'élan à sa volonté, gardant au fond du cœur la paix avec tous les hommes et l'ardeur d'un zèle qui ne s'éteignit jamais. Il avait dans son activité quelque chose du courage entreprenant du soldat et de la patience du religieux, dans son attitude quelque chose de la dignité et de la fermeté de l'ambassadeur d'un Souverain puissant qui a confiance en sa mission, et dans sa parole la vivacité de la foi et l'onction du prêtre. Pour rendre plus fidèlement le caractère de l'apôtre que transformait la vertu, citons une lettre écrite dans l'abandon de l'intimité ; elle était adressée à une personne très vertueuse et très zélée :

« Ah ! que le dévoûment chrétien est difficile, qu'il est rude ! écrivait-il, vous le savez, vous l'éprouvez constamment. Il ne faut pas seulement se dévouer, se donner ; il faut devenir la chose de Notre-Seigneur et s'abandonner totalement à lui, comme un faible et impuissant roseau qui est foulé, couché en terre, mais qui toujours souple, docile, se relève au moindre souffle vivifiant. Ainsi soyons dociles, souples sous la main de Dieu, jusqu'au jour où il daignera arracher le roseau pour le transplanter dans le ciel.

Courage donc dans l'insuccès comme dans le succès, dans l'épreuve comme dans la prospérité! C'est si beau d'être les coopérateurs de l'infinie réparation de Jésus et les auxiliaires de la Mère de Dieu. En avant toujours! Quand l'espérance se lève radieuse, comme elle fait pour vous en ce moment, profitons-en comme d'un vent favorable qui pousse notre navire, déployons les voiles et courbons-nous sur nos rames... et si les revers arrivent, plions, humilions-nous comme le roseau, et puis relevons-nous au premier rayon du soleil que fait briller la Providence. »

L'homme juste, illuminé des clartés de la foi et embrasé de zèle, lorsqu'il manifeste ses pieuses aspirations, s'exprime souvent dans le langage enthousiaste de la poésie. La piété, dit Joubert, est une espèce de génie qui donne des ailes à l'esprit (1).

Cependant M. de Cissey vit briller, suivant ses expressions, un éclatant rayon d'espérance : « Pour honorer le zèle et les pieuses industries de son missionnaire dans la propagation de l'œuvre de la Sanc-

(1) Pensées, I, XXXIV.

tification du Dimanche, » le Souverain Pontife Pie IX le nomma chevalier de saint Grégoire le Grand. L'Apôtre reçut sans doute avec une vive joie, inspirée par une très respectueuse estime, cette haute distinction. Mais, au fond du cœur, il ne goûta pas de jouissance personnelle; comme il s'était entièrement dévoué au service de l'Association et qu'il identifiait ses satisfactions au progrès de la Sanctification du Jour consacré, il vit surtout dans la haute distinction dont l'honorait le Saint Père un encouragement pour lui et une nouvelle benédiction accordée à l'œuvre du salut social.

CHAPITRE IX.

Œuvre de la Sanctification du Dimanche, troisième période. — M. de Cissey à l'audience de Léon XIII. — Ses dernières missions. — Son genre d'éloquence.

Il y avait cinq ans que l'Association dominicale accomplissait progressivement son œuvre réparatrice sous l'autorité de l'Église et par le zèle de M. de Cissey, lorsqu'une grande nouvelle vint éveiller les plus vives sympathies du monde catholique. Pie IX était mort au mois de février 1878 ; quelques jours après, le cardinal Pecci était monté sur le siège pontifical, en prenant le nom de Léon XIII. La première pensée de M. de Cissey fut d'assurer la protection du Nouveau Souverain Pontife à l'Œuvre Dominicale ; et il reprit le chemin de Rome. Laissons l'Apôtre du Dimanche nous raconter avec l'éloquence de sa foi et la candeur de ses sentiments les heureux résultats de son voyage. Il écrivit à M. des G. son digne auxiliaire :

Rome, 1er avril 1878.

« Vous savez combien, en partant pour Rome, je
« craignais de ne pouvoir, dans une audience par-

« ticulière, déposer aux pieds du Souverain Pontife « Léon XIII les hommages empressés et humblement « dévoués de nos associés. Un travail immense, les « préoccupations les plus graves et les plus diverses « assaillent les débuts de ce nouveau pontificat. « L'univers catholique attend ses décisions et les « Évêques accourent de toutes les contrées du monde « pour avoir le bonheur de recevoir ses premières « bénédictions. Aussi le vénéré Cardinal de Lyon, « Mgr Mermillod et d'autres membres du clergé « m'avaient-ils annoncé qu'une audience particulière, « sinon par une bien rare exception, ne pourrait « être accordée avant bien des mois, une année « peut-être. Plusieurs Cardinaux me confirmèrent à « Rome dans ces appréhensions. Néanmoins j'espé- « rais encore, habitués que nous sommes à voir « Marie, notre céleste protectrice, nous encourager « par les plus surprenantes faveurs.

« En effet, contre toute espérance, le 27 mars, « presque aussitôt après mon arrivée, j'étais hum- « blement prosterné devant Sa Sainteté Léon XIII, « et, seul en sa présence dans une audience person- « nelle, admirable pour nous, j'avais l'inesperé bon- « heur d'exposer au Très Saint Père ce qu'était « notre Œuvre, ses magnifiques prières, ses efforts « dévoués. Ai-je besoin de vous exprimer l'émotion « que me causait cette insigne faveur tant enviée ?

« Vous savez déjà par quelles éminentes qualités

« notre nouveau Pape promet à l'Église un digne « successeur de Pie IX. Un esprit de justice admi- « rable, une application infatigable au travail, une « indulgente et paternelle bonté accompagnent chez « lui les dons les plus élevés de l'intelligence. En « présence de cette majesté, la plus haute qui soit, « mon cœur, chargé des intérêts de notre grande « Œuvre, battait bien fort ; mais Léon XIII daigna « accueillir votre missionnaire avec une incompa- « rable bonté, et j'osai lui dire que, comme toutes « les grandes Œuvres catholiques, la nôtre reposait « sur l'approbation du Vicaire de Jésus-Christ, et « qu'elle avait pour base l'autorité fondamentale « de la chaire de saint Pierre. « Née de la parole « de votre immortel prédécesseur, ai-je ajouté, dé- « veloppé par ses encouragements réitérés, elle doit « ses nombreux succès à la protection et à la béné- « diction de NN. SS. les Évêques dont nous récla- « mons la direction, dans chaque diocèse, avec la « plus filiale soumission. »

Le Très Saint Père daigna me répondre :

« C'est ainsi que des chrétiens fidèles doivent « agir. Sous la direction de leurs Évêques ils ne « peuvent errer.

« Continuez à suivre cette voie, qui est celle que « vous trace l'Église, et Dieu sera avec vous ! »

« J'avais présenté au Très Saint Père une lettre de « Mgr de Dijon, Évêque du diocèse que j'habite. Sa

« Sainteté l'a lue à haute voix, et interrompant à
« plusieurs reprises sa lecture pour m'adresser la
« parole : « Je sais le bien que fait votre Œuvre.
« Les Évêques ne peuvent faire autrement que bénir
« et protéger votre Œuvre qui réclame leur direc-
« tion, et en effet votre Évêque me dit qu'ils le font
« dans la France entière, *in universa Gallia.*

« Mes bénédictions et ma bienveillance la plus
« entière sont acquises à cette Œuvre si nécessaire
« au salut de la France, de cette nation, la fille aînée
« de l'Église, aujourd'hui si cruellement attaquée
« dans sa foi, frappée par de si grands malheurs,
« punition de ses chutes, et menacée de périls ex-
« trêmes. » La voix du Très Saint Père s'attendrit
« et ses yeux se remplirent de larmes, pendant qu'il
« me parlait de la France avec un intérêt dont je
« ne saurais reproduire la touchante bonté.

« Pour sauver votre malheureuse patrie, continua
« le Souverain Pontife, il faut des Apôtres ! Plus
« qu'en aucun temps il faut des dévoûments apos-
« toliques, qui seuls peuvent attirer par leur action
« des grâces apostoliques. Votre Œuvre a été fé-
« conde en ces dévoûments. Qu'elle en soit bénie !

« Je sais aussi, daigna ajouter Sa Sainteté, ce que
« vous avez fait vous-même pour le retour de votre
« patrie à la pratique du troisième commandement
« de Dieu. *Vous avez été en France, pour cette*
« *œuvre, l'apôtre de mon prédécesseur Pie IX ; soyez*

« *l'apôtre de son successeur. Je vous renouvelle*
« *à l'égard de votre Œuvre toutes les approbations*
« *de mon prédécesseur, je répète tout ce qu'il vous*
« *a dit en sa faveur, je vous continue les mêmes*
« *encouragements, les mêmes bénédictions.*

« J'étais tombé à genoux. Le Très Saint Père
« posa sa main sur ma tête avec une paternelle
« bonté, et appela sur moi et tous nos associés les
« bénédictions les plus clémentes de Dieu, afin que
« nous puissions répondre de plus en plus fidèle-
« ment à tout ce qu'il attend de nous.

« Mes paroles, mon cher ami, seraient impuissan-
« tes à faire ressortir la grandeur de ces encourage-
« ments donnés par le Vicaire de Jésus-Christ à no-
« tre grande Œuvre. Cependant Sa Sainteté devait
« encore y ajouter une confirmation nouvelle et
« publique.

« Le 1er Avril, j'avais le bonheur d'assister à une
« audience collective accordée à de nombreux pèle-
« rins. A peine le Souverain Pontife m'eut-il aperçu
« en faisant le tour de la salle qu'il daigna m'adres-
« ser la parole avec le plus indulgent sourire.

« Cissey, ah! Cissey! j'ai bien du plaisir à vous
« voir. Vous m'avez donné de grandes consolations
« en me parlant des biens que votre Œuvre produit
« en France. Je fais des vœux pour elle. Je bénis
« ses travaux. Continuez courageusement et sans
« crainte vos prières et vos efforts. Que vos asso-

« ciés redoublent de zèle. En mettant Dieu avec « vous, vous obtiendrez qu'il vous accorde le succès « qui n'est dû qu'à lui, et que je le prie instam- « ment de vous accorder. »

« Restait une seule faveur que nous puissions désirer, celle d'une confirmation *écrite* de ces belles bénédictions. Celle-ci semblait plus difficile encore à obtenir. Léon XIII n'accorde cette faveur que dans les cas les plus exceptionnels. Cependant, pour mettre le sceau à tant de grâces signalées, notre céleste protectrice voulut nous la donner encore, et Sa Sainteté Léon XIII daigna écrire de sa main, au bas du tableau de notre croisade de prières, ces mots approbatifs si consolants :

« Que Dieu vous bénisse et qu'il confirme par sa « grâce vos bonnes œuvres. »

« Remercions Dieu, mon cher ami, de ces faveurs inespérées, que nous devons à lui seul, et sachons nous en montrer dignes. »

M. de Cissey voulut aussitôt que la bénédiction du Souverain Pontifie portât ses fruits. Sa voix d'une éloquence toujours nouvelle se fit entendre, la même année, dans huit nouveaux diocèses : Nevers, Lisieux, Limoges, Agen, Montauban, Tarbes, Saint-Flour et Moulins firent honneur au zèle du missionnaire de Léon XIII en donnant à l'œuvre dominicale un très grand nombre d'associés. En 1880, l'Association se ramifiait par toute la France.

Cependant la période la plus active de l'apostolat de M. de Cissey touchait à sa fin. Sans doute le grand chrétien, avec tout son zèle et toute son éloquence, n'avait pas conduit au terme de ses désirs l'œuvre dominicale : il voyait encore des dévoûments à susciter, des associations à fonder, à affermir et à développer ; mais les événements l'obligèrent à garder une réserve très circonspecte. L'attitude des pouvoirs publics à l'égard de l'Église catholique en France intimidait le zèle des auxiliaires de l'Apôtre; on craignait, non sans raison, de se signaler comme fervent catholique aux yeux d'un gouvernement dont les actes tendaient à restreindre la liberté de l'Église pour abaisser sa majesté et ruiner son influence. Aussi toutes les personnes dont la situation se rattachait plus ou moins au Pouvoir n'osaient se livrer à tout ce qui avait l'apparence de propagande religieuse. Et dans un grand nombre de diocèses l'autorité ecclésiastique, pour prévenir toute manifestation contraire, jugeait prudent d'ajourner à des temps meilleurs les réunions publiques.

Le zèle de M. de Cissey souffrait de tous ces obstacles; et sa piété avait quelquefois à réprimer des murmures qui étaient plus sur ses lèvres que dans son cœur. Il garda jusqu'à la fin un invincible espoir de continuer par la parole son fructueux apostolat.

Toutefois les années s'écoulèrent sans lui apporter cette satisfaction. C'est en 1884, croyons-nous, qu'il prononça, à Dijon, son dernier discours devant une réunion publique. Après avoir tracé le tableau, ou plutôt une esquisse des missions de l'apôtre, examinons les qualités de l'orateur qui a soulevé tant et de si légitimes applaudissements.

Plein de respect pour sa mission et pour ses auditeurs, M. de Cissey, nous l'avons dit, préparait soigneusement ses discours. Il se présentait muni de preuves abondantes, solides, variées, qui lui permettaient de se placer sur tous les terrains et de faire face à tous les adversaires; l'ordre politique, la paix des familles, l'économie sociale, l'hygiène, tous ces éléments de la prospérité d'un peuple, qui étaient l'objet de ses constantes réflexions, lui fournissaient pour la défense du troisième précepte les considérations les plus justes. Et toutes ses preuves étaient mises au grand jour par un style clair, net, parfois incisif et nerveux, mais toujours correct et de bon goût. Rien d'apprêté, ni de prétentieux; la phrase est naturelle et aisée, la marche du discours ne languit pas. Avec sa brillante et féconde imagination il aimait souvent à procéder par tableaux; puis des traits, des exemples, racontés avec autant d'à-propos que d'intérêt, achevaient de mettre les preuves en évidence.

Mais c'était surtout dans les ardeurs de sa foi que

M. de Cissey trouvait ses plus puissantes inspirations; car tout en propageant son œuvre en vue de la prospérité sociale, il se gardait bien, nous l'avons remarqué, de déchirer la loi; pour lui le jour du repos était avant tout le jour du Seigneur et, au lieu de se tenir dans une timide réserve, il proclamait hautement la nécessité du culte public, la mission surnaturelle de l'Église, l'excellence de l'auguste Sacrifice de nos autels; il montrait la décadence des peuples sans Dieu, les châtiments dont la justice divine frappe même en cette vie les contempteurs du troisième commandement. Quand il affirmait ces vérités, il donnait un libre essor à ses pieuses aspirations, il parlait à l'esprit, au cœur, à l'imagination, fortifiant les sentiments du patriotisme par ceux de la foi, et il avait de belles envolées; on sentait alors la chaleur d'une grande conviction, qui rayonnait comme une vive flamme dans tout le discours.

Voici une appréciation qui nous semble caractériser avec justesse l'éloquence de l'Apôtre du Dimanche; elle a été écrite sous l'impression que produisit une des conférences du pathétique orateur.

« Le souvenir de la conférence donnée par M. de Cissey dans l'immense galerie de l'évêché de Verdun, restera longtemps dans le cœur de tous les auditeurs qui remplissaient cette vaste salle.

Dans ses remerciements, Monseigneur a caractérisé, en quelques mots heureux, l'éloquent discours dont l'assemblée se trouvait vivement émue ! M. de Cissey a plus qu'un beau talent oratoire. Il possède l'inestimable don de faire oublier l'orateur et le discours, pour ne laisser voir que la vérité, dont il est l'apôtre. Avec lui on ne saurait prendre le loisir de goûter les charmes d'une diction aussi nette que distinguée, ou d'admirer les ressources et la souplesse d'un style facile et varié, se prêtant aux détails les plus familiers et s'élevant sans effort aux plus hautes considérations de l'ordre philosophique et moral. On ressent l'atteinte de la conviction qui pénètre, et l'on est captivé par ce que dit l'orateur et non par la manière dont il s'exprime.

C'est la foi chrétienne qui inspire M. de Cissey. Au service de cette conviction d'un ordre supérieur, il apporte toutes les lumières que le raisonnement et l'expérience fournissent sur la nécessité du repos dominical. Après avoir montré dans la loi du Dimanche l'expression de la Souveraineté de Dieu, il la représente comme la garantie des droits de la famille, des droits de l'âme et de la liberté de l'ouvrier. Les mobiles qui l'animent n'ont pas moins de grandeur ; il les emprunte à la charité évangélique, et ce sentiment divin, venant se joindre à tous ceux qui établissent la bienveillance et la fraternité entre les hommes, donne à ses paroles un accent pénétrant sympathique et irrésistible.

Dans ses courses à travers la France, l'homme qui se dévoue de la sorte devait gagner des auxiliaires dignes de sa cause et du zèle avec lequel il la soutient. Quelques-uns des traits qu'il en a rapportés n'ont pas excité moins d'admiration que d'attendrissement.

Cet apostolat exercé par un homme du monde sous les auspices du Saint-Siège et de l'Épiscopat contraste singulièrement avec nos habitudes d'indifférence et de septicisme. L'orateur y met tant d'oubli de lui-même, une telle modération de forme et de pensée, qu'on oublie la nouveauté de cette situation pour s'abandonner sans réserve à l'influence d'une parole si convaincue et si persuasive. Une œuvre ainsi présentée ne paraît pas seulement utile et juste, elle est bien vite acceptée comme très bienfaisante. »

Extrait du *Courrier de Verdun-sur-Meuse.*

Comme les conférences de M. de Cissey n'ont pas été publiées, le lecteur sera heureux sans doute d'en trouver ici quelques citations :

« L'homme, disait M. de Cissey dans une réunion « générale, l'homme est impuissant à supporter un « travail continu. Le travailleur qui ne prend « pas son repos le Dimanche, le prendra un autre

« jour, pendant lequel échappant à toute influence « religieuse, rejetant toute dignité morale, il se trou- « vera loin de ceux qu'il aime ou qu'il doit aimer, « retenu par les plus funestes penchants.

« De nos jours les populations ouvrières et « pauvres rencontrent deux influences, dont l'une « s'efforce de moraliser les âmes, de relever leur « dignité et de les rappeler à Dieu ; l'autre pousse à « l'excitation des appétits les plus grossiers : ce sont « l'église et le débit de boisson. L'église, c'est « l'école de la vertu ; c'est là que le peuple apprend « ce qu'il faut croire et ce qu'il faut pratiquer ; c'est « là qu'il trouve le soutien du bon exemple ; c'est « dans cette école qu'on nous enseigne à qui nous « devons le respect, à qui l'obéissance ; c'est là, que « nous apprenons que nous devons à tous la charité « et la justice. Le débit de boisson est un lieu où « se passe tout le contraire de ce qui se fait à l'église : « le travailleur y empoisonne son cœur, y avilit sa « raison. Là sont oubliés Dieu, les devoirs, la famille. « De là sortent les querelles au ménage et se pré- « parent les désordres dans la rue. Dans cette at- « mosphère viciée et corruptrice, l'âme du travailleur « s'abaisse de plus en plus, bientôt il perd jusqu'à « la notion exacte du devoir.

« Lorsque l'ouvrier rentre dans sa famille, il est « mécontent de lui-même, mécontent de ceux dont « il a dissipé les ressources. Entre lui et les siens il

« n'y a plus d'accord ; la brutalité a remplacé l'é-
« change des bons sentiments, et quand ce profa-
« nateur du Dimanche retourne à son atelier re-
« prendre son travail bien compromis par l'éner-
« vement des forces morales, c'est en laissant sa
« femme et ses enfants à la misère et aux vices que
« souvent elle engendre.

« Croyez-vous que ces travailleurs, vivant en
« opposition habituelle avec la loi de Dieu et celle
« de la famille, accepteront plus aisément les lois
« civiles et sociales? Non ! ce peuple nouveau sans
« vertu et sans frein sera toujours disposé à s'insur-
« ger contre toute autorité, quelle qu'elle soit ; c'est
« chez lui que se recrutera l'armée du désordre,
« prête à plonger dans les catastrophes une société
« qui méconnaît le jour de Dieu. La morale de ces
« hommes qui vivent et travaillent loin de Dieu,
« leur croyance, seront celles d'un effroyable
« égoïsme aboutissant à la satisfaction de désirs aussi
« criminels qu'insensés.

« On s'étonne que l'autorité ne soit plus respectée,
« que les lois ne soient plus obéies. Est-ce que la plus
« grave des rébellions n'entraîne pas toute autre
« rébellion ? Arrachez les pierres fondamentales d'un
« édifice, il chancelle, ses murs se séparent, et nos
« efforts sont impuissants pour arrêter sa chute. De
« même, lorsqu'un peuple rejette l'autorité de Dieu,
« qui est le lien des âmes, et qu'il repousse les lois

« fondamentales de la société, ce peuple aussi chan-
« celle, impuissants sont les efforts des hommes
« pour le sauver ; et Dieu, pour le punir, n'a
« qu'à le laisser se déchirer de ses propres mains.

« Est-il donc étonnant que de violents désordres
« et de cruelles souffrances viennent frapper une
« société qui repousse sa propre félicité ?

Ces considérations si judicieuses et si élevées valent un livre. Elles font penser, elles découvrent à l'esprit de vastes horizons. C'est ainsi que procédait M. de Cissey : il se plaçait à un point d'où il pouvait percevoir la question dans son ensemble, ses détails et ses conséquences. Pour lui le point central et lumineux, c'était ce principe que la loi dominicale est faite pour le bonheur de l'homme.

Le divin Législateur, en effet, a tout prévu, tout déterminé ; il a réglé les rapports de l'homme avec le Créateur, avec la famille et avec la société ; il connaît ce qu'il a donné de forces à notre corps, il voit les exigences intimes de l'âme et, en ordonnant le repos du septième jour, il a voulu mettre l'homme dans l'état et dans la condition précise où il trouvera, avec la joie d'avoir rendu ses devoirs au Souverain Maître, la prospérité temporelle, la paix avec lui-même et avec ses semblables. L'observation du jour de Dieu établit donc entre le ciel et la terre et les hommes entre eux une harmonie universelle. Au contraire le contempteur du dimanche, en rompant l'alliance avec Dieu, trouble toute l'économie providentielle et par cela même introduit le désordre dans toute la société.

C'est pourquoi M. de Cissey, en faisant une peinture saisissante des maux dont souffre notre société, montrait sans cesse que ces désordres suivent naturellement la violation habituelle de la loi dominicale, dont l'observation doit sauvegarder le respect de toutes les autres lois; qu'il y a une connexion entre les infidélités et les malheurs du temps présent; il revendiquait enfin avec une éloquence entraînante la reconnaissance des droits de Dieu pour le bonheur de l'humanité. Heureux les peuples dont les hommes politiques et les économistes s'efforceraient de prendre pour règle de gouvernement et des réformes sociales les principes que proclamait l'apôtre du dimanche !

Dans la fermeté de ses convictions religieuses, M. de Cissey n'hésitait pas quelquefois à assimiler les épreuves de notre pays à la sanction terrible que Dieu, dans l'ancienne Loi, avait attachée à la profanation du saint Jour. D'après l'éloquent défenseur du troisième précepte, Dieu n'a pas retiré les menaces qu'il faisait aux prévaricateurs de l'ancien Peuple : la violation du jour consacré attire sur les nations chrétiennes les mêmes châtiments que sur le peuple d'Israël.

Ainsi il disait : « Ouvrons les Saintes Écritures,

« elles nous dévoilent, hélas ! elles aussi, l'avenir « réservé au peuple qui malgré tous les avertis- « sements de la Providence continue à violer le « saint jour de Dieu !

« Peuple d'Israël, disent-elles, si malgré tant « d'avertissements et de châtiments, tu t'obstines à « violer la loi de Dieu, voici ce qu'annonce le Sei- « gneur : Dieu détruira Israël, il le dispersera, et « alors dans la solitude du désert, la terre de Judée « célèbrera le repos du jour de Dieu, qu'Israël ne « lui a pas laissé célébrer pendant qu'il l'habitait.

« Quelle image sublime, mais terrible, que cette « terre dépeuplée qui dans la solitude du désert ren- « dra au saint jour de Dieu l'hommage que l'homme « lui a refusé. Oui, Dieu veut, exige le respect de « son saint jour ou bien, et cela dans l'intérêt « même d'un peuple, pour le ramener à l'obser- « vation du jour sacré, il le frappe et l'avertit afin « de le sauver de sa perte.

« Vous le savez ! les peuples ne sont pas destinés « à une seconde vie ; c'est donc ici-bas seulement « qu'ils peuvent être récompensés ou punis, selon « qu'ils ont observé ou violé les lois sociales néces- « saires à leur existence.

« Or, est-ce que la profanation du saint jour de « Dieu n'est pas générale ? Est-ce que la France « n'est pas coupable et ne doit pas être punie « comme nation ? la France a rompu avec le troi-

« sième commandement de Dieu ; elle mérite donc « aussi, comme le méritèrent les juifs, les châti- « ments attachés à cette apostasie de la plus im- « portante des lois religieuses et sociales. »

En entendant exposer avec une telle précision ces idées sur la sanction attachée, en cette vie, à l'observation du jour consacré, on aurait pu représenter peut-être que Dieu ne gouverne pas les nations chrétiennes ; comme il gouvernait autrefois son peuple, que le pacte entre Dieu et la Nation élue n'existe plus et que la Loi de grâce a remplacé la Loi de crainte.

Remarquons toutefois que, si Dieu n'accorde pas aujourd'hui aux pieux observateurs du troisième commandement les biens temporels par fidélité à ses promesses, comme il le faisait dans l'ancienne Loi, il les donne néanmoins, avec une égale abondance, mais par « surcroît. » Notre-Seigneur a fixé cette règle générale : « Cherchez premièrement le royaume de Dieu et sa justice, et tout le reste vous sera donné par surcroît (1). » D'où il suit que les individus et les sociétés qui n'observent pas la règle tracée par le Sauveur ne sont pas dignes de recevoir le « Surcroît », et ils deviennent sujets aux calamités dont la providence particulière de Dieu punissait les infidélités de l'ancien Peuple.

(1) Saint Matthieu, VI. 33.

Aussi à la vue de la profanation scandaleuse du jour consacré, que le cardinal Mermillod appelait *la grande prévarication de notre époque*, et au lendemain des malheurs de la France, M. de Cissey rappelait avec un parfait à-propos que la bonne ou la mauvaise fortune de notre pays, comme celle de la nation d'Israël, dépend, — à des titres différents, il est vrai, — de sa fidélité dans l'observation du troisième précepte du Décalogue.

Ainsi pense l'éminent Évêque d'Autun : Non, « il n'est pas possible, dit Mgr Perraud, que la « profanation générale, systématique, persévérante « du jour consacré à Dieu, ne soit pas placée sous « une sanction proportionnée à la grandeur du « crime. Et il ne faut pas craindre de redire les pa- « roles que nous empruntons un peu plus haut au « pieux Néhémias :

« C'est à cause de cette violation du jour du « Seigneur que tant de maux se sont accumulés sur « nous et sur notre patrie » (1).

Il y avait des auditoires devant lesquels la vivacité de la foi de l'apôtre du Dimanche s'affirmait encore avec plus d'ardeur, parce qu'elle avait plus

(1) La Sanctification du Dimanche. (carême 1891.) Dans son mandement, Monseigneur l'Évêque d'Autun recommande en ces termes l'œuvre de M. de Cissey : « Nous signalons, à l'attention et aux sympathies de toutes les personnes chrétiennes plusieurs œuvres déjà établies en France pour promouvoir la cause sacrée du repos dominical. Nous citerons en particulier :

d'abandon ; ces auditoires étaient dans les maisons d'éducation. Un attrait particulier conduisait M. de Cissey dans ces asiles de la piété et de toutes les bonnes traditions ; puis il était assuré d'y trouver des auxiliaires pour l'Œuvre du salut. Il les enrôlait d'abord dans la ligue de la prière, ensuite il obtenait des jeunes gens ou des jeunes personnes la promesse d'entrer un jour, comme membres actifs, dans l'Association dominicale, ou de coopérer à sa fondation ; enfin il éveillait l'attention et suscitait des dévoûments.

La Providence n'a-t-elle pas donné à la jeunesse le temps pour réaliser les grands projets, et la vigueur de l'espérance pour animer les œuvres que cette jeunesse entreprend ? La société ne sera-t-elle pas un jour ce qu'il plaira à la jeunesse qu'elle soit ? M. de Cissey avait compris, certes, la belle mission des jeunes gens, et il savait que l'Œuvre du salut ferait des progrès d'autant plus durables et d'autant plus rapides qu'il aurait groupé en plus grand nombre autour d'elle les hommes d'avenir. C'est pourquoi il étendait sa propagande dans les pensionnats

l'Œuvre dominicale de France, fondée par un grand chrétien, M. Louis de Cissey, mort il y a peu d'années. Encouragée et bénie par les Papes Pie IX et Léon XIII, cette œuvre a été approuvée par la plupart des Évêques de France et tout récemment par notre éminentissime métropolitain, le Cardinal Foulon. » (Son siège est à Lyon, 15 rue Vaubecour.)

catholiques où il pouvait avoir accès ; et dans toutes ces maisons catholiques le missionnaire de Pie IX recevait un accueil aussi enthousiaste que respectueux.

Voici l'extrait d'une allocution qu'il prononça dans la maison-mère d'une congrégation enseignante considérable :

« Vous aimez Marie. En vous berçant sur leurs « genoux vos mères vous ont fait connaître la puis-« sance et la bonté de la Mère de Dieu, et dans cette « maison bénie on vous parle encore des gloires et « de la bonté infinie de la Reine du ciel et de la « confiance que vous devez lui témoigner dans « toutes vos prières.

« Aussi vous accueillerez avec joie l'œuvre que je « viens proposer sous ses puissants auspices. Il y a « entre Marie et vous un échange continuel de mi-« séricordieux bienfaits, de tendresses maternelles, « de filiale reconnaissance et de dévotion. Mais, en « priant Marie, pensez à notre pays. Vous le savez, « la France, notre chère patrie est le royaume de « Marie, et Dieu semble nous avoir prédestinés à « être les défenseurs de son Église. Admirable « mission qui associe les destinées de la France à « celles de l'Église ! Toutes les fois que la France « répond à sa vocation, elle est prospère, elle est « grande ; quand elle renie ses gloires chrétiennes, « elle expie son infidélité par des désastres.

« C'est alors que Marie a recours à ses filles de

« France pour sauver son royaume; elle veut les « unir à son œuvre de rédemption. De sainte Gene« viève et de sainte Clotide, à Jeanne d'Arc, « de Jeanne d'Arc à la bienheureuse Margue« rite-Marie, et à Bernardette vous voyez toutes les « femmes célèbres par leurs vertus apporter le tribut « de leurs mérites, de leur dévoûment, au rachat « de notre patrie.

« Aujourd'hui la Religion est attaquée; on ne « croit plus, on ne pratique plus, parce qu'on ne « connaît plus le Dimanche. Mais sans Dimanche « plus de Religion, et sans la Religion plus d'ordre, « plus de sécurité, plus de société. C'est Marie qui « nous a avertis sur la montagne de la Salette des « égarements de la France. L'oubli de Dieu, qui suit « l'oubli du Dimanche, c'est la ruine; le service de « Dieu par la sanctification du Dimanche, c'est le « retour de notre pays à la prospérité. Choisissez... « Toutes vous serez apôtres de Marie en devenant de « ferventes zélatrices de l'Œuvre Dominicale; vous « avez les armes les plus puissantes : la prière et le « dévoûment par le sacrifice; eh bien, donnez « quelque chose de vos forces et vous aurez la joie « ineffable d'avoir coopéré à la réconciliation de la « France avec Dieu...

Le vénérable chanoine, supérieur de la Congrégation, voulut prendre la parole; les larmes étouffaient sa voix et c'est à grand' peine qu'il put s'écrier :

« Toutes, jurez au Missionnaire de la Sainte Vierge « de rester pendant toute votre vie fidèles à l'œuvre « de la réparation nationale qu'elle réclame ! »

Toutes se lèvent et s'écrient : « Nous le jurons ».

« J'accepte votre serment solennel, reprit alors « M. de Cissey. Ce serment prêté à Marie, notre « Reine, a pour témoin le Sacré Cœur de Jésus que « vous consolez par ce spectacle digne de réjouir le « ciel et la terre. » L'émotion redouble, toute la communauté jure dans un élan unanime de se dévouer à l'œuvre de la réparation nationale. Ces scènes se renouvelaient dans toutes les maisons d'éducation où se faisait entendre l'apôtre du Dimanche.

CHAPITRE X.

Croisade de la prière. — Le « *Dimanche Catholique* ». — « Aimons nos paroisses. » — Correspondances de M. de Cissey. — Rapports avec les catholiques du Portugal. — Une réparation.

Nous avons vu que M. de Cissey a disposé pour le succès de l'Œuvre dominicale de deux puissants moyens de propagande : l'union et l'action. Il est une autre ressource, gage infaillible du succès, que le grand chrétien n'a pas manqué d'employer dès le début de sa mission, c'est la prière. L'institution de la ligue de la prière, en signalant le caractère apostolique des travaux de M. de Cissey, nous montre dans toute sa vivacité son esprit de foi.

Il voulut que le concours de toutes les âmes pieuses soutînt constamment auprès de Dieu les intérêts de l'Œuvre; il priait et faisait prier sans cesse pour le succès de l'Association. « La prière seule, « écrivait-il, peut obtenir du Cœur de Jésus qu'il « accorde à nos bonnes volontés et à notre action « réparatrice la force et la suavité qui gagnent les « cœurs. Déjà, nous pouvons le remarquer, la fer« veur et le nombre de ces prières sont, en quelque « sorte, la mesure des bons résultats signalés dans « une association. C'est parmi celles qui prient le

« plus que le nombre et le zèle de nos associés s'ac-« croissent sans cesse et que l'on nous annonce une « plus notable cessation des achats et un plus grand « nombre de magasins fermés le dimanche. »

Pour obtenir des prières, il se présentait dans les séminaires, les pensionnats et les communautés religieuses, et les conjurait de s'associer à l'œuvre dominicale en lui appliquant les intentions de leurs exercices de piété. Après avoir consacré une partie du produit des cotisations à faire célébrer des messes pour l'Association, il demandait encore aux prêtres d'associer le souvenir de l'œuvre à leurs intentions dans la célébration du saint Sacrifice Un très grand nombre d'associés actifs unissaient aussi, sur sa pressante recommandation, la prière à l'action. Puis, tous les mois, M. de Cissey faisait soigneusement la somme des messes célébrées, des communions faites, des chapelets récités et de tous les exercices de piété accomplis en faveur de l'Œuvre; il dressait un tableau exact de tous ces actes de réparation et le publiait en tête de chaque numéro du « *Dimanche Catholique.* »

Les coopérateurs de M. de Cissey, cela se conçoit, devenaient plus nombreux, à mesure qu'il étendait le cercle de la vaste association; en même temps aussi les exercices de piété se multipliaient, car l'apôtre n'avançait qu'accompagné de pieux suffrages. Et le nombre des prières allait toujours croissant, si bien que M. de Cissey, au trentième anniversaire de l'apparition de Notre-Dame de la Salette, put annoncer sur la sainte montagne à la multitude des pèlerins que quarante mille communions mensuelles étaient faites en faveur de l'Œuvre Dominicale.

Dans la même année, le Cardinal Pitra écrivait au zélé promoteur : « J'ai mis sous les yeux du Très « Saint Père le dernier numéro des *Annales du Di-* « *manche*, et sa Sainteté a été très frappée d'une « note fort modestement tirée d'un registre de Paris, « mais dont les chiffres sont des plus éloquents. « Vous pouvez me ranger moi-même quelque part, « parmi les prélats et religieux qui reccommandent « votre Œuvre au saint autel très fréquemment. » Ainsi M. de Cissey, le dévoûment au cœur et la prière sur les lèvres, imprimait à son œuvre le plus pur caractère de l'apostolat.

Pourtant cet apostolat si pieux et si actif demandait à être complété. Aujourd'hui toutes les œuvres, surtout les plus importantes, ont besoin de la presse pour se soutenir et se développer. L'association dominicale, œuvre de propagande et de zèle par excellence, devait employer ce puissant moyen d'action, pour propager la vérité par toutes les voix de la renommée.

Dans ses conférences, l'éloquent défenseur de la loi dominicale parlait à deux ou trois mille catholiques; le journal parlera à vingt mille, et plusieurs fois dans l'année. « Il portera la pensée, le cœur, la voix des frères du nord à ceux du midi, et réciproquement, de manière à relier la grande association dans une fraternité vivante, qui multipliera la lumière, le courage, la fécondité par l'émulation du zèle et la sainte contagion du bon exemple (1). »

Ainsi pensait le zélé propagateur, et il fonda, après avoir reçu les bénédictions de Pie IX, le « *Dimanche Catholique, Annales mensuelles de l'Œuvre Dominicale de France.* » Il s'adjoignit d'abord un collaborateur. Dans la suite, il redigea seul pendant douze ans cette revue. Elle contient un ou deux articles sur le sujet principal, le Dimanche; puis un bulletin exposant l'état de l'œuvre dans les diocèses, enfin des traits, des anecdotes et des exemples édifiants en rapport avec la sanctification du jour de Dieu.

En quelques années, « le *Dimanche Catholique* » compta dix-huit mille abonnés. Ce succès était mérité par un talent d'écrivain des plus remarquables et un travail incessant. M. de Cissey mit dans la rédaction des Annales toute les ressources de son esprit et toute l'ardeur de son dévoûment. On est vraiment surpris que, sans dépasser les limites assez étroites du programme, il ait pu donner tant d'intérêt à cette revue. Les considérations les plus justes

(1) *Le Dimanche Catholique.*

et les plus élevées sur le Dimanche, des citations tirées des mandements de Nos Seigneurs les Évêques et des publications des plus célèbres écrivains, des histoires, des anecdotes d'une haute moralité, présentées sous une forme dramatique toujours attrayante, de sages et piquantes réflexions formulées en quelques lignes, toute cette riche variété on la trouve dans le *Dimanche Catholique*. Sur l'ensemble il règne un esprit de foi et une piété affectueuse qui touchent et élèvent le cœur. Rien de vague et d'indéterminé ; la pensée de l'écrivain se précise toujours dans une vérité concrète et pratique, dans un fait ou un précepte. Le grand chrétien raconte surtout avec l'accent d'une foi forte et tranquille, qu'il fait partager au lecteur, les manifestations surnaturelles de la bonté de Dieu. On pourrait quelquefois désirer plus de vigueur dans le raisonnement, mais non plus de charme dans le style ni plus d'intérêt dans les récits. Voici un article qui permettra de juger de l'esprit du Journal et de la valeur de l'écrivain :

Aimons nos paroisses.

« C'est le dimanche qui fait la paroisse, ce centre « autour duquel viennent aboutir nos aspirations « chrétiennes, se resserrer nos meilleures affections, « ce centre auquel, par des voies aimées, corres-

« pondent les sentiments intimes de notre cœur.
« C'est le dimanche qui ramène les chrétiens fidèles
« à l'église de la cité ou du village, devenue pour
« leurs habitants l'asile sacré dans lequel ils déposent
« en commun leurs prières, leurs demandes et leurs
« vœux. Là tout leur dit qu'ils sont frères, qu'ils
« ont un même créateur, tout leur rappelle qu'ils
« ont les mêmes destinées.

« L'église paroissiale est tour à tour la confidente
« et le témoin de nos sentiments, de nos espérances,
« de nos joies et de nos douleurs. Sous ses voûtes
« séculaires réside Notre-Seigneur Jésus-Christ, vic-
« time constante de propitiation, prenant sans cesse
« notre défense devant la justice infinie, et à cha-
« que génération qui se succède, demandant grâce
« pour chacun de nous et pour la cité entière.

« Dans cette église un pasteur vénéré a béni, au
« nom de Dieu, tous les événements importants de
« notre vie, depuis qu'elle y a été offerte à Dieu, le
« jour de notre naissance. Jadis la religion y con-
« sacrait les fêtes de la famille et de la cité, aussi
« bien que les usages traditionnels qui entretenaient
« les antiques vertus de nos ancêtres. Dans ses
« chapelles étaient suspendues les bannières des con-
« fréries, vieilles gardiennes de nos libertés, de
« notre foi et des sentiments d'honneur de chaque
« corps d'état. On venait y célébrer en grande pompe
« les fêtes de leurs patrons, de ces hommes sanctifiés

« par la grandeur du dévoûment, et choisis pour « modèles et pour protecteurs. Ces saints patrons « étaient nés pour la plupart dans de modestes con- « ditions, mais leurs vertus héroïques leur avaient « mérité d'être honorés par les rois eux-mêmes, « sublime leçon, que le christianisme seul pouvait « donner.

« Comme la religion, dont elle est le temple, « l'église paroissiale se trouve unie à toutes les pha- « ses de notre vie. Le passé, le présent, l'avenir y « aboutissent devant Dieu, dispensateur de toutes « grâces. Les tombes mêmes de nos plus illustres « concitoyens qui se dressent contre les murs ou que « nous foulons encore, entretiennent la mémoire de « leurs vertus et des services rendus au pays. Ver- « tu oblige : l'homme suit plus aisément la voie de « l'honneur quand il la trouve tracée par d'autres « avant lui. Il s'incline sans résistance devant les « avertissements qu'éveillent dans son cœur les « bons exemples donnés par ses frères, ou légués par « ceux dont le souvenir est consacré dans la majesté « de la mort.

« Assidu aux offices de la paroisse et aux instruc- « tions de ses pasteurs, témoin de l'édification mu- « tuelle que se communiquent, chaque dimanche, ses « frères dans la foi qui viennent s'agenouiller de- « vant les mêmes autels, le chrétien est ainsi sou- « tenu par un enseignement permanent de la parole

« et de l'exemple, qui développe et élève à Dieu « toutes les tendances de son esprit. Il se complait « dans son église ; et c'est l'ensemble des nobles et « pieuses aspirations qui enveloppent son cœur de « leur aimable réseau, que naissent et s'accroissent « sans cesse, en même temps que sa reconnaissance, « envers Dieu, ces autres sentiments qui s'appellent « le dévoûment au prochain et l'amour à la patrie.

« Ces nobles sentiments ne peuvent plus exister « au même degré qu'autrefois parmi les populations « flottantes de nos cités. Envahies par des migra- « tions de passagers qui se renouvellent sans cesse, « nos villes ont perdu avec leurs traditions et leurs « souvenirs, leur caractère, leur physionomie et « leurs mœurs d'autrefois. Il existe à peine quel- « ques foyers habités par trois générations succes- « sives. On ne sait guère où était la demeure de « ses pères, et encore moins quelles étaient leurs « croyances et leurs habitudes. Le mouvement com- « mercial et industriel toujours croissant, la facilité « de porter sa tente où nous appelle le moindre « intérêt, fractionnent et dispersent vite les familles, « sans leur laisser le temps d'asseoir leurs racines « dans un pays. L'esprit de *paroisse* est la dernière « assise solide qui leur offre un centre commun « dans lequel il n'y a pour tous, de quelque lieu « qu'ils viennent, qu'un troupeau, un pasteur et « un symbole. Pour chacun, à l'instant où il y

« entre, se réalise cette aimable parole : « Qu'il est « bon à des frères de se trouver réunis, comme « s'ils n'étaient qu'un. » Le trouble social ne viendra « donc jamais de la paroisse, qui unit les cœurs, « apaise les révoltes de l'orgueil par la plus cor- « diale fraternité, et étend le doux empire de « Celui qui recommande de rendre à César ce qui est « à César. Disons plus : le jour où l'esprit parois- « sial ne ferait plus contrepoids à la propagande « impie et dissolvante qui pénètre jusque dans nos « moindres villages, le jour où disparaîtrait la *pa-* « *roisse*, il n'y aurait plus dans notre pays qu'im- « mense agglomération de volontés sans frein, « insatiables de jouissances et sans pitié pour ceux « qui lui feraient obstacle. La France aurait vécu « comme nation catholique.

« Groupons-nous donc autour de nos *paroisses*, « ce dernier rempart qui abrite nos croyances et nos « sentiments patriotiques. Chaque Dimanche, rame- « nons à notre église une population, qui en aimera « les offices le jour où elle reprendra l'habitude d'y « mêler sa voix à celle de ses frères, et où elle s'y « retrouvera tout entière, unie par un même cœur « dans une même foi, une même charité une même « espérance. »

M. de Cissey, comme on le voit, était de la paren- té de nos meilleurs évrivains. Si nous ne craignions de faire des hors-d'œuvre, nous pourrions citer un

grand nombre d'articles écrits avec la même puissance d'inspiration. Mais aussi nul écrivain ne suivit plus fidèlement que lui le conseil des maîtres ; il refaisait cinq et six fois le même article ; ce style correct, limpide et animé, qui paraît couler de source, M. de Cissey l'avait acquis au prix du travail le plus opiniâtre. Ce qui rendait surtout la composition laborieuse, c'est que le rédacteur, tout en donnant à ses sujets un attrait toujours nouveau, devait se mouvoir dans le même ordre d'idées. Il écrivait à une personne pieuse : « Le journal me prend beau-
« coup de temps : j'éprouve une grande difficulté à
« le rédiger, ne pouvant m'y occuper que d'une mê-
« me question, toujours la même. Cependant je veux
« que le journal soit aussi intéressant et utile que
« possible, afin qu'il soit lu, malgré l'avalanche de
« bonnes lectures qui se publient. Nul ne m'y aide...
« je veux que mes articles soient inédits et neufs
« en tout, et je refuse impitoyablement toutes les
« coupures. »

Après avoir rédigé seul pendant dix ans le « *Dimanche Catholique* » il eut l'heureuse pensée de réunir en un volume les histoires les plus édifiantes qu'il avait écrites dans cette revue, et il publia ce recueil sous le titre de la « *Glane d'or.* » Le livre a fait son chemin, car il atteint aujourd'hui sa septième édition. Il mérite pourtant une diffusion plus rapide.

Pour faire connaitre par les *Annales mensuelles*

l'état de l'œuvre dominicale dans les différents diocèses, M. de Cissey avait nécessairement contracté des rapports réguliers avec les chefs des associations partielles, afin d'obtenir des comptes rendus. Puis sa fonction de Directeur général de l'œuvre et les conférences qu'il avait prononcées dans tant de réunions attiraient sur lui tous les regards ; on voyait dans le zélé promoteur le représentant de toute la fédération dominicale. Cette situation, on le comprend, l'avait engagé dans des correspondances sans fin.

Il recevait de toutes les parties de la France des rapports et des lettres : Les uns lui écrivaient pour demander un conseil, d'autres pour signaler un fait intéressant ou un obstacle à surmonter, ceux-ci lui soumettaient quelque projet, dont l'exécution aurait, pensait-on, favorisé les progrès de l'œuvre ; ceux-là réclamaient sa présence pour ranimer le zèle des associés et reformer les bataillons rompus. Plus l'association s'étendait, et plus les lettres arrivaient nombreuses et pressantes. Il écrivait à une pieuse zélatrice, après une absence d'un mois qu'il avait passé à propager l'association :

« J'ai trouvé environ cent cinquante lettres « à écrire à mon retour. J'écris de cinq heures du « matin à onze heures du soir ; c'est énervant, c'est « accablant, parfois je tombe de lassitude morale ; « mais il faut marcher toujours. Enfin voici la plus

« grande partie du travail achevé ; je pourrai bientôt « me remettre à mon journal ; ce sera un repos ou « du moins une diversion, car j'ai l'esprit épuisé. « Mais ne nous décourageons pas, le découragement « est une lâcheté, et l'espérance une vertu. »

Il fallait toute la puissance de travail et la présence d'esprit de M. de Cissey pour entretenir une correspondance aussi encombrante, travail rebutant qui se renouvelait tous les jours, sans lasser le dévouement de l'apôtre dominical ; car il avait consacré ses forces, son cœur et sa vie à la propagation de l'œuvre du salut Social.

Parmi ces lettres, quelques-unes étaient inutiles, d'autres indiscrètes ou importunes. Avec une exactitude invariable et une égale bonne grâce, M. de Cissey répondait indistinctement à tous ses auxiliaires ; le jour même de la réception ou le lendemain au plus tard, la réponse était faite. Dans ces lettres on trouve de la verve, de l'esprit, quelquefois de l'enjoùment, jamais une parole amère ni un reproche qui pût froisser, toujours quelque forte et pieuse pensée et une ardeur communicative qui tenait sans cesse en éveil le zèle des associés. D'ordinaire elles étaient écrites au courant de la plume ; c'était le langage naturel et entraînant de la conversation, mais plus soigné. Si le ton et l'expression varient, la même pensée s'affirme dans cette correspondance ; tout s'y rapporte à l'œuvre dominicale.

Voici une de ses réponses, adressée à une personne très dévouée aux œuvres Eucharistiques :

« Si j'avais quelque droit à vous remercier de vos « belles intentions pour notre chère œuvre du Di- « manche, je le ferais bien vite ; mais c'est Dieu « qui le fera lui-même dans l'intime du Mystère ado- « rable, où vous trouvez tant de divines consola- « tions, que vous voudriez les faire partager à tous « les chrétiens. Je ne puis que vous féliciter de « votre grand cœur à vous dévouer en tout et par- « tout à la gloire de la divine Eucharistie.

« Honneur soit donc à vous pour ce zèle ardent « qui poursuit la gloire de Jésus-Hostie à travers « toutes les indifférences et toutes les hostilités. Non, « votre œuvre n'est pas aussi modeste que vous le « dites. A toutes les époques de notre histoire les « femmes ont reçu de Dieu d'importantes missions. « Sainte Catherine de Sienne n'était-elle pas le feu « et la lumière de son temps ? Sainte Jeanne de « Valois, sainte Thérèse, n'ont-elles pas communiqué « un amour de Dieu extraordinaire à leurs contem- « porains ? Et plus près de nous, quelle influence « n'ont pas eue la Bienheureuse Marie de l'Incar- « nation, sainte Chantal, la vénérable Marguerite du « Saint-Sacrement, la Bienheureuse Marguerite-Ma- « rie Alacoque et tant d'autres femmes illustres ? « Ne sont-ce pas les grandes chrétiennes qui ont « fait le grand dix-septième siècle ?

« Aujourd'hui, pour être l'interprète écouté des « volontés de Dieu, il faut, plus qu'au XVIIe siècle, « entrer dans le drame de la vie ; la société est « descendue des hauteurs sublimes de la foi, nous « marchons tout simplement dans la poussière ; « c'est là qu'il faut atteindre les âmes, en y vivant « avec elles, en se mêlant à ce courant général « qui emporte la société dans sa voie nouvelle. Oui, « c'est en se mêlant au drame plus ou moins vul- « gaire de la vie commune que le bien se fait de nos « jours. C'est là que se sont organisés les pèleri- « nages, les cercles ouvriers, les conférences de saint « Vincent de Paul et toutes les œuvres catholiques « modernes....

« Je n'ai pas oublié vos bonnes promesses de vous « occuper de notre chère œuvre du Dimanche ; cette « voie par laquelle seule nous pouvons procurer des « adorateurs au Saint-Sacrement. Car supprimer le « Dimanche, c'est supprimer la religion ; mais sans « religion pas de société durable. Les tables du « Décalogue sont les assises fondamentales de toute « société. Voilà ce qu'il nous faut crier sur les « toits !

« Travaillons ensemble à l'œuvre sérieuse, capi- « tale du moment présent, celle du pèlerinage « de tous les fidèles d'une paroisse, chaque Dimanche « au tabernacle où repose ce Dieu qui s'y inter- « pose entre la colère de Dieu et nos infidélités.

« Agissons pour Dieu et en Dieu, qu'il soit tou-
« jours présent à notre pensée, afin que nous soyons
« en lui ici, toujours, et au ciel éternellement. »

Un jour qu'il avait éprouvé une vraie déception dans un grand congrès, il révélait ainsi l'état de son esprit à une personne qui méritait toute sa confiance :

« Pour moi, écrivait-il, j'avais des questions capitales à traiter à N. ; je ne voulais pas les exposer au congrès, mais je désirais vivement qu'il les soutînt. Les membres de cette assemblée n'ont pas jugé opportun d'examiner ma proposition ; j'espère que Dieu amènera la solution de l'affaire. Je remets tout entre ses mains, je m'abandonne à lui et le laisse faire. Chaque matin, dans ma communion, je renouvelle à Dieu l'abandon complet des intérêts de l'Œuvre dominicale, je le charge de tout, moi n'étant que son instrument indigne, mais prêt à tout ce qu'il voudra de moi.

Dieu a fait des choses inespérées pour notre association ; elle a bien grandi. Le meilleur est de tout abandonner à Dieu, de se réduire à n'être que son instrument, et Dieu fait des choses merveilleuses sans que nous y soyons pour rien. »

Il écrivait à la présidente d'une association dominicale. — « Voici longtemps que je suis sans nouvelle de notre chère Œuvre du Dimanche à X. J'espère bien que grâce aux membres si zélés de son excellent bureau elle se maintient et progresse toujours ; mais je serais heureux d'en recevoir de vous le bon témoignage avec quelques détails que je puisse donner dans le Journal, car c'est toujours un encouragement pour les associés de retrouver dans leurs *Annales* le récit de leurs succès. C'est une preuve de leur vie et de leur activité.

Lorsque vous aurez quelque réunion générale, si vous pensez que ma présence puisse avoir quelque utilité, vous saurez que pendant neuf mois de l'année je suis à deux heures de votre ville et, par conséquent, à votre entière disposition. L'extension toujours croissante de l'œuvre est un grand encouragement à persévérer. Quelles meilleures espérances pouvons-nous obtenir que celles qui sont apportées par l'Œuvre qui est le signe précurseur de la réconciliation de la France avec Dieu ?

Ne devons-nous pas aussi redoubler nos efforts pour répondre aux avertissements que la Sainte Vierge est venue nous donner à la Salette. Ayons donc une confiance toujours plus grande dans cette chère œuvre Réparatrice demandée par Marie et qui peut seule nous sauver.

Sans contester l'importance d'autres œuvres, admirables pour les besoins spéciaux auxquels elles s'appliquent, disons cependant qu'elles sont insuffisantes pour arracher la France aux conséquences du *péché mortel* qui, disait Pie IX, lui attire des malédictions ; et ces malédictions ne cesseront, selon la parole du Vicaire de Jésus-Christ, que lorsque nous aurons réparé ce péché mortel national.

Nos populations se désaffectionnent du clergé, fuient les églises, les instructions et les offices. La Religion disparaît... Or, sans la Religion que deviendrait notre pauvre société? A nous de ramener aux paroisses, au clergé, à Dieu les brebis infidèles et égarées. »

Comme la correspondance de M. de Cissey avait pour unique objet l'œuvre dominicale, on comprend que sa publication présenterait quelque monotonie ; c'est pourquoi nous nous sommes bornés à quelques citations. Toutefois il y a dans ces relations un épisode d'un réel intérêt, qu'il serait regrettable d'avoir passé sous silence ; c'est l'établissement de l'Œuvre en Portugal.

En 1883, un personnage très zélé de ce pays écrivait à M. de Cissey : « Désirant introduire en « Portugal l'Œuvre Dominicale, dont vous êtes l'in- « fatigable apôtre, je prends la liberté de m'adresser « à vous, sous les auspices de M. E. M., Président « du Conseil des conférences de saint Vincent de « Paul à N., pour vous prier de vouloir bien me « faire expédier à l'adresse ci-dessus cinq exem- « plaires du *Bulletin mensuel*, et toute autre publi-

« cation qui pourrait me guider dans le choix des « moyens pour implanter cette œuvre dans un pays « autrefois célèbre pour sa piété et aujourd'hui livrée « à l'indifférence religieuse.

« Soutenu par vos conseils et vos encouragements, « je m'emploierai à obtenir le concours des œuvres « catholiques, pour y mettre en vigueur la loi du « Seigneur. »

Après avoir reçu les documents, que M. de Cissey s'était empressé de lui envoyer, le dévoué catholique mit promptement la main à l'œuvre ; il traduisit et propagea toutes les notices de l'association, organisa un comité central, dont le Cardinal patriarche de Lisbonne accepta la présidence, ensuite il parcourut tous les diocèses pour proposer aux Évêques d'y organiser la ligue dominicale. Or, dans ce pays, la Providence a marqué du sceau particulier de sa sagesse les succès de l'œuvre réparatrice, elle lui a donné une singulière portée ; car les coopérateurs les plus zélés du dévoué correspondant de M. de Cissey étaient les descendants du célèbre Marquis de Pombal, ministre du roi de Portugal, au dernier siècle. Tous les petits-fils du fameux homme d'État, qui causa tant de douleurs à l'Église, se distinguent par leur piété et leur ardeur à soutenir les œuvres catholiques ; tous, à des titres divers, ont propagé dans leur pays l'Association du Dimanche. L'un d'eux, jeune homme d'un grand mérite et d'une incomparable activité, est l'âme du comité central. Il écrivait à M. de Cissey :

« Nous nous sommes occupés d'organiser un « comité central et je suis heureux de vous annon« cer qu'il est constitué sous la présidence de son « Éminence le Cardinal patriarche de Lisbonne. La « première séance de ce comité a eu lieu le 16 Juillet « au palais de son Éminence. On a fixé le 1er de « chaque mois pour la Messe et la réunion men« suelle, et on a nommé les zélatrices qui se char« gent de former chacune dix centuries. Dans deux « autres villes du royaume, Porto et Braga, on s'oc« cupe également d'organiser les comités, d'accord « avec son Éminence le Cardinal Évêque de Porto et « Mgr l'Archevêque Primat, et je suis persuadé que « votre œuvre si intéressante ne tardera pas à se « propager dans tout le pays, où elle est très néces« saire, car malheureusement le Dimanche en Por« tugal, surtout à Lisbonne, est bien profané.

« Pour coopérer à cette grande réparation, nous « cherchons à nous inspirer de votre zèle et de vos « exemples, et nous serions heureux d'obtenir le « secours de vos conseils et de vos prières. Si vous « êtes assez bon, pour répondre à ma lettre, je vous « prie de l'adresser chez mon père, le marquis de « Pombal, à Lisbonne. »

Ainsi ces fervents catholiques acquittent noblement envers l'Église la dette de leur famille. Singulières représailles de la justice divine !

Il y a dans une œuvre de zèle entreprise pour la gloire de Dieu une vertu cachée, qui se traduit par des résultats aussi consolants que variés ; c'est un feu qui, sous l'action de la Providence, se propage, se communique et projette au loin ses étincelles. Au contact de ce feu sacré la foi se réveille, les dévoûments se raniment et les cœurs s'enflamment ; alors on voit, comme à l'imprévu, surgir partout de nouvelles et admirables œuvres de zèle.

CHAPITRE XI.

Vertus de M. Louis de Cissey. — Sa foi. — Son amour de Notre-Seigneur Jésus-Christ. — Sa dévotion au Très Saint-Sacrement.

Nous avons considéré jusqu'à présent la vie de M. de Cissey dans ses œuvres extérieures et publiques ; nous l'avons vue surtout du dehors. Pour compléter ce récit, nous devons faire connaître la vie privée du fervent chrétien, ses vertus et ses pratiques de piété. Nous y trouverons l'explication de son dévoûment infatigable à toutes les saintes causes.

La vertu dominante chez M. de Cissey, c'était la foi. Elle était profonde, vive, inébranlable ; elle ne chancela dans aucune épreuve. Elle se révélait toujours ferme dans l'accent même de sa parole. Lorsqu'il était amené, au cours d'une conversation, à parler de quelques vérités de la Religion, c'était avec l'assurance aisée, naturelle et invincible que donne l'évidence d'un fait ou de l'axiome le plus indiscutable ; à l'entendre parler, on eut dit que pour lui la foi n'avait pas de voile qui cachât le secret ; s'il prononçait les noms de Notre-Seigneur, de la Sainte Vierge ou d'un saint, c'était sur le ton tranquille de celui qui parle d'une personne momentanément absente, qu'il est certain de voir d'un instant à l'autre.

Dans la société des ecclésiastiques, qu'il aimait tant à fréquenter et à recevoir, sa grande joie était de parler des choses de Dieu, de l'Église, des œuvres catholiques, des communications divines, des miracles. Alors il était intarissable dans sa conversation, parce qu'il parlait de l'abondance du cœur. Cependant il connaissait le moment de se taire et le moment de parler ; en dehors du monde ecclésiastique, il était réservé et circonspect, chez lui la vivacité de la foi ne troublait pas la présence d'esprit ; il y a des faits, des vérités qu'il savait ne pas exposer à certaines contradictions.

Les pieuses pratiques approuvées par l'Église, les bénédictions, les médailles, les saintes images, tous les objets de piété, étaient très précieux aux yeux de cet homme si intelligent et si instruit ; il leur attribuait beaucoup plus d'efficacité qu'à tous les raisonnements, à toutes les ressources de la science et de l'art. Un jour il crut remarquer dans ses vignes les premières atteintes du phylloxéra, aussitôt il pria le curé de sa paroisse de leur donner la bénédiction particulière que l'Église applique aux champs, pour les délivrer des insectes nuisibles. Inspiré par le même esprit de foi, il fit ériger dans une de ses propriétés une belle statue de la Sainte Vierge, dans une autre une grande statue de saint Joseph, ailleurs une magnifique croix. Au frontispice de son château il fit graver en lettres très visibles ces paroles de l'Évangile : *In quamcumque domum intraveritis, primum dicite : pax huic domini* (1).

Sa foi se manifestait en toutes circonstances ; il voyait et jugeait toutes choses à cette divine lumière. Quand il rencontrait une personne qui lui paraissait vraiment pieuse et dévouée aux intérêts de la Religion, il était toujours porté à lui donner les marques les plus sincères d'estime et de confiance ; ce qui lui attirait parfois de pénibles mécomptes, sans changer pourtant son inclination. Un jour, quelqu'un portait devant lui ce jugement sur un personnage contemporain : « C'est un saint et un « grand homme. » M. de Cissey, étonné d'entendre cette prétendue gradation, dit d'un ton prompt et ferme : « Mais les grands hommes sont les Saints. » Combien de fois il s'est écrié avec une sorte d'enthousiasme et un léger soupir, en entendant parler d'un acte édifiant de quelque fervent chrétien : Oh ! c'était un Saint ! c'était un Saint ! »

S'il avait échappé à quelque danger, obtenu une réussite, évité une contrariété, il l'attribuait sans détour à la Divine Providence, à la protection de la Sainte Vierge ou de son Ange Gardien. Il voyait partout le doigt de Dieu. M. de Cissey émettait, ses

(1) En quelque maison que vous entriez, dites d'abord : paix à cette maison.

pieuses réflexions, d'un ton pénétré, mais simple et naturel. Il faisait ainsi les mêmes remarques en écoutant le récit de faits analogues. Citons quelque traits des plus marquants de son esprit de foi. Pendant l'invasion allemande, il écrivait à Mme de Cissey qui s'était retirée à Montpellier avec ses enfants :

« Je t'ai dit qu'on avait couronné, à Beaune, les « canons revenant de la victoire de Chateauneuf,... « et pas une prière de reconnaissance à Dieu ! Aussi « me suis-je cru obligé de réciter avec toute la fer- « veur possible un *Te Deum* pour ceux qui ne le « font pas. Récitez-le aussi, si vous ne l'avez déjà « fait. »

Que le patriotisme est éclairé, pur et généreux chez un fervent chrétien ! Les mêmes sentiments se reflètent dans la lettre suivante, écrite le jour où se livrait la bataille de Nuits :

« Une vraie et je dirais une grande bataille, à « laquelle nous avons en quelque sorte assisté, s'est « livrée aujourd'hui bien près de nous. A onze heu- « res ont tonné les premiers coups de canon... à « deux heures en allant aux vêpres, j'en ai pu « compter vingt-deux dans l'espace d'une minute, « et en même temps nous entendions le bruit sourd « de la fusillade grondant sans interruption, exacte- « ment comme le bruit des nuées avant la chute

« des grêles. C'était quelque chose d'affreux. De la « plate-forme du château on distinguait cet effroya- « ble bruit, comme si on eût été près du théâtre de « l'action. Les batailles avec les anciens fusils « devaient être moins effroyables à entendre. Avec le « chassepot et une nombreuse armée, le roulement « des feux de peloton est aussi continu qu'un roule- « ment de tambour, et, je le répète, exactement « semblable à ce grondement sinistre des nuées « chargées d'électricite, avant-coureur des grêles. « Tous les habitants de nos villages étaient silen- « cieux devant leurs portes.

« A quatre heures revenu des vêpres, je suis allé « à Beaune; arrivé à la hauteur de la rue Velote, « l'obscurité commençant, nous avons aperçu, (à la « grande satisfaction de François) les feux des bat- « teries de canon ; nous voyions partir chaque coup « à l'éclair qui y jaillissait. C'était juste en face de « nous. Des batteries étaient sur les montagnes, « d'autres dans la plaine. Ces feux terribles n'ont « fini qu'avec le jour, et la lutte a dû être aussi « tenace d'un côté que de l'autre.

« A Beaune, on n'en savait moins que moi qui, « ayant vu les feux de canon, affirmais que le com- « bat devait être de ce côté de Nuits. Un soldat blessé « qui est arrivé pendant que je questionnais, a con- « firmé mes dires et a annoncé que tout va bien. « C'étaient les Français qui étaient sur les hauteurs.

« Il a dit que les pertes prussiennes ont dû être « énormes, parce que nos feux plongeaient dans « leur masse. Puisse-t-il dire vrai ! Que Dieu pro- « tège la France ! A quand le *Te Deum* ?

M. de Cissey n'eut pas la joie d'apprendre que ses patriotiques espérances étaient réalisées ; mais il trouva dans cet événement une nouvelle occasion de justifier et d'affirmer sa pieuse confiance. Quelques jours après la bataille de Nuits il écrivait : « Le Saint Enfant Jésus, ainsi que Notre-Dame « du Bon-Secours et la vénérable Marguerite du « Saint Sacrement protègent-ils donc bien réel- « lement notre ville ! Au lieu de marcher sur « Beaune, après avoir battu notre armée, les vingt- « cinq à trente mille Prussiens sont rentrés à Dijon. « Cela laisse à nos troupes le temps de se reformer « et de se réunir ; enfin cela est d'une protection « si évidente qu'il faut bien remercier Dieu de ce « qui se passe. »

Personne n'était plus opposé que lui aux tendances rationalistes de notre époque. Les critiques méticuleuses et défiantes que certains écrivains apportent dans l'histoire de l'Église et l'étude des faits merveilleux de la vie des Saints étaient loin de convenir à son ardente piété et à la candeur de sa foi ; il pensait avec tous les auteurs catholiques que les grâces extraordinaires, les miracles, les communications et les apparitions célestes se renouvellent plus ou moins fréquemment dans le monde catholique, que le bras de Dieu n'est jamais raccourci et qu'il fait encore briller souvent aux regards des fidèles, pour les encourager, quelques reflets de la gloire qui les attend dans le ciel. Dès que M. de Cissey apprenait qu'un fait extraordinaire, merveilleux s'était produit, il laissait volontiers paraître son émotion et sa joie, c'était le premier mouvement d'une âme droite et sincèrement pieuse. Cette disposition à croire aisément aux manifestations de la bonté et de la puissance de Dieu nous paraît très conforme à l'esprit du Christianisme, surtout, lorsqu'un catholique, à l'exemple de M. de Cissey, montre une disposition plus empressée encore à s'incliner avec une obéissance absolue devant les décisions de l'Église.

C'était surtout dans la dévotion au mystère adorable de nos autels que la foi du grand chrétien se montrait effective et ardente. Il avait obtenu de l'autorité diocésaine la faveur de conserver dans sa chapelle la Sainte Réserve. Ce privilège n'était point seulement à ses yeux un grand honneur, il satisfaisait un besoin réel de son âme; car le mystère de l'amour attirait toute son affection. M. de Cissey en effet vivait, agissait et travaillait sous la dépendance et sous le regard de l'Hôte divin. Ses pensées se reportaient sans cesse vers Lui, et ses visites au Saint-Sacrement étaient fréquentes dans la même journée; il traversait rarement la cour du château sans entrer dans la chapelle; avant de partir en voyage et à son retour, il allait saluer Jésus-Hostie. Lorsqu'il avait achevé la rédaction d'un numéro du « *Dimanche Catholique* », il s'empressait de le déposer sur l'autel, le consacrait à Notre-Seigneur dans une fervente prière, puis il revenait dans la chapelle pour retirer le manuscrit et l'envoyer à l'imprimeur. A l'exemple de saint Vincent de Paul, il considérait Jésus-Hostie comme le « Maître de la maison. »

Lorsque le curé de la paroisse venait, tous les vendredis, célébrer la Messe, M. de Cissey le servait à l'autel, et il ne céda plus tard ces humbles et pieuses fonctions qu'à M. de G., son gendre. Il se mettait à la suite du prêtre portant le saint Viatique; répondait aux prières et remplissait toutes les fonctions de l'enfant de chœur, quand celui-ci était absent. La distance du château de Cissey à l'église paroissiale ne permettait pas au fervent chrétien de satisfaire toutes les ardeurs de sa dévotion ; mais, pendant les trois mois qu'il passait tous les ans à Lyon, on le voyait chaque matin au bas de la chapelle de la Sainte Vierge de l'église saint Martin-d'Ainay faire son oraison, entendre la Messe et communier. Tous les samedis, il montait d'un pas allègre, au point du jour, la colline de Fourvières, faisait une longue station dans le vénérable sanctuaire et participait au Banquet divin.

M. de Cissey connaissait depuis longtemps les

plus célèbres sanctuaires ; il les avait visités en pèlerin, priant et faisant la sainte communion. Lorsqu'une puissante et heureuse attraction ramenait plus tard les peuples aux lieux que la Divine Providence a marqué du sceau extraordinaire de sa puissance et de sa bonté, il applaudissait avec enthousiasme à ce réveil de la foi. D'ailleurs toutes les manifestations religieuses le ravissaient. Dans les dernières années de sa vie, il assistait à un magnifique congrès Eucharistique, qui était célébré à Fribourg, en Suisse ; ce fut assurément un de ses jours les plus heureux. Un prêtre très distingué du diocèse d'Autun qui était témoin de sa ferveur dans les différentes cérémonies de ces splendides solennités nous rapporte ainsi ses impressions :

« Lors des visites au Saint-Sacrement et surtout à « la grande procession d'actions de grâces, qui a été « un vrai triomphe Eucharistique, la vivacité de la « foi et la ferveur de M. de Cissey m'avaient frappé ; « j'avais remarqué dans son attitude et son recueil- « lement quelque chose qui faisait du bien et allait « au cœur. Je me rappellerai toujours l'enthou- « siasme avec lequel, pendant le banquet de clôture « à l'Hôtel de ville, il acclamait chaque parole célé- « brant le règne Social et Eucharistique de Notre- « Seigneur Jésus-Christ. »

M. de Cissey aimait à redire avec une joie toujours nouvelle et communicative les paroles de foi, et les traits édifiants qui l'avaient ravi : Avec quelle joie ! avec quelle chaleur de conviction il rapportait, par exemple, les paroles admirables que le Président de l'État de Fribourg prononça à ce congrès Eucharistique : « Notre Roi, c'est Jésus-Christ ! et nous « sommes prêts à mourir pour lui, c'est lui qui règne « sur nous ; nous n'obéissons à d'autres lois qu'à cel« les de l'Homme-Dieu. » Et il redisait encore avec transport cette sublime déclaration ; c'était pour lui une perspective, une vision délicieuse, ineffable, que de se représenter le bonheur d'un peuple qui acclamerait la royauté de Notre-Seigneur Jésus-Christ.

En attendant, il voulait que le Roi immortel régnât toujours sur son cœur. Voici sur sa piété le témoignage d'un prêtre très éminent (1) qui possédait toute sa confiance : « J'ai eu la consolation et l'édi« fication, dit-il, de diriger son âme au saint tri« bunal de la Pénitence. Ce ministère n'était pas « pour moi sans profit spirituel, et le sceau qu'il a « laissé sur mes lèvres ne saurait m'empêcher de « dire que j'ai admiré maintes fois l'humilité pro« fonde et les sentiments d'amour envers Notre« Seigneur de ce vaillant chrétien. »

Une personne aussi pieuse que distinguée, qui seconda de tout son dévoûment M. de Cissey dans

(1) M. l'abbé Richoud, Vicaire général de Lyon.

la propagation de l'œuvre dominicale, nous rapporte le trait suivant :

« J'étais à Avignon depuis deux mois, lorsque M. de Cissey y vint pour établir l'œuvre dominicale. C'était au début de son apostolat. Pendant son séjour dans cette ville, il apprit qu'un vol sacrilège venait d'être commis dans une église de campagne, non loin de Villeneuve-lez-Avignon. » « Il est de convenance, me « dit-il d'un ton résolu, que nous soyons les pre- « miers à faire une visite à Notre-Seigneur outragé « dans son auguste Sacrement, où l'amour le retient « à cause de nous. Faut-il qu'il s'expose ainsi ! Il a « été foulé aux pieds des voleurs ! Eh bien ! courons « vite lui porter nos hommages de réparation. »

Une heure après nous arrivions dans ce village. M. le curé nous reçut fort bien. Il nous conduisit à l'église, où nous priâmes assez longtemps devant le tabernacle profané. M. de Cissey paraissait navré. J'ai toujours cru que Notre-Seigneur accueillit avec une singulière faveur l'acte de réparation du grand chrétien, qui s'est dévoué à la sainte mission de lui procurer des adorateurs tous les dimanches. M. le curé nous exprima avec émotion ses remerciements. Ce bon prêtre était consterné; notre visite releva un peu son courage. »

Celui qui visite Jésus devient humble, dit saint Augustin (1) ; celui qui s'attache à Jésus sera humble.

(1) Traités sur saint Jean, XXV, XVI.

Car la vertu de prédilection de Notre-Seigneur est l'humilité; mais il perpétue dans l'Eucharistie, en les dépassant, tous ses prodiges d'anéantissements. M. de Cissey qui faisait de fréquentes visites au Dieu caché dans le mystère adorable de nos autels apprit ainsi à aimer l'humilité. Pour acquérir cette vertu, il soutint jusqu'au bout une lutte opiniâtre. Une intelligence vive, une brillante imagination, un beau nom, un extérieur imposant, et des succès et des honneurs, tout cet éclat prestigieux aurait pu fasciner et égarer quelquefois un homme qui n'eût pas été animé de l'esprit de foi de l'apôtre du Dimanche. Mais celui-ci en effet ne perdit jamais de vue, à la lumière de la foi, l'Auteur de tous les dons, la source unique du vrai bonheur.

Le Commandant Auguste Marceau disait un jour du ton le plus ferme : « Je veux vaincre l'orgueil. » On entendit souvent son ancien ami, Louis de Cissey, dire dans l'intimité : « C'est pour Dieu et pour Dieu « seul que j'ai entrepris cette œuvre; c'est pour « lui que je la continue. » Il écrivait à une vertueuse personne : « Acceptons la volonté de Dieu en « tout, même quand nous échouons dans les œu- « vres que nous faisons pour lui, en nous disant « que ces échecs sont dans sa volonté et qu'il faut « qu'il en soit ainsi.

« Ne nous appuyons que sur Jésus, que sur « Marie, et redisons chaque matin : Tout pour

« vous, ô Jésus ! rien pour moi. A vous, Seigneur, « tout honneur, toute gloire, tout profit et le gain « des âmes.

« A moi l'humiliation, le sacrifice de mon amour « personnel, les échecs apparents. »

Ces paroles traduisaient fidèlement les dispositions de son cœur. Lorsque l'association dominicale commençait à se propager, la renommée de ses succès alarma l'humilité du « vaillant chrétien ; » alors il se proposa d'affilier son Œuvre dominicale à celles de Mgr de Ségur et d'en confier la direction à ce prélat ; quant à lui, il fût rentré dans le rang de tant d'autres modestes et zélés catholiques. Il fallut les conseils pressants et réitérés d'un illustre Évêque, auquel il avait soumis son dessein, pour qu'il consentît à garder la présidence de l'Œuvre du Dimanche.

Cet oubli de soi-même rendait son abord facile, gracieux et sa société très agréable. Il écoutait de bonne grâce une critique, demandait volontiers un conseil et se rangeait sans hésiter à l'avis de ses contradicteurs, dès qu'il lui paraissait plus juste.

Peu lui importaient le rang, la fortune et la situation ; les personnes qui obtenaient sa confiance et son estime étaient celles qui se recommandaient par l'élévation de leurs sentiments et par leur vie chrétienne.

CHAPITRE XII.

Sa dévotion à la Très Sainte Vierge. — Son amour de l'Église. — Sa vie laborieuse. — Sa maladie. — Sa mort. — Ses funérailles. — Épilogue.

A un ardent amour de Notre-Seigneur Jésus-Christ et à une tendre dévotion au Saint-Sacrement, M. de Cissey joignait une confiance toute filiale en la Sainte Vierge. C'était particulièrement à la protection de Marie qu'il attribuait le progrès de l'Association dominicale. Pour lui, l'œuvre de la sanctification du Dimanche était l'œuvre de Marie « réparatrice. » En réalité, l'apôtre remplissait un des plus chers désirs de la Mère de Dieu : « Il faisait passer à tout le peuple » le miséricordieux et très salutaire avertissement sur la profanation du jour consacré, qu'elle est venue nous donner sur la montagne de la Salette. Le souvenir de cet avertissement tenait fortement au cœur M. de Cissey ; aussi dans la plupart de ses discours, le nom de la Reine du Ciel, de Notre-Dame de la Salette, revenait souvent sur ses lèvres. Il parlait au nom de Marie, il était son ambassadeur, son interprète ; car Notre-Dame de la Salette était « la fondatrice » de l'Œuvre. Dans la candeur de sa foi, il rendait ainsi compte d'une conférence où il avait obtenu les plus consolants succès :

« Notre-Dame de la Salette amena dans cette « réunion une grande affluence d'hommes, empres- « sés de venir entendre l'appel qui leur était adressé « en son nom, quelle que fût la médiocrité de la « parole qui le leur transmettait. » Tel était le sentiment habituel de pieuse confiance du zélé propagateur. Avant de paraître dans une assemblée pour y prendre la parole, il se recommandait à Marie « réparatrice ; » après le succès il disait dans un transport de reconnaissance : « c'est la Sainte Vierge qui a tout fait, je ne suis que son instrument. »

Que de réflexions édifiantes, que d'articles à la gloire de Marie, « fondatrice de l'Œuvre, » que de récits de grâces extraordinaires attribuées à la protection de l'auguste Mère de Dieu, il a publiés dans les *Annales* du *Dimanche Catholique !*

Du reste M. de Cissey donna, toute sa vie, des témoignages de sa tendre dévotion à la Sainte Vierge. On se rappelle que le R. P. Eymard l'affilia au Tiers-Ordre de Marie dans la chapelle de Notre-Dame de Fourvières ; plus tard le fervent tertiaire voulut être inscrit dans la confrérie du cœur Immaculé de Marie d'Issoudun. Nous avons vu avec quel accent de piété il composa à vingt-sept ans, la monographie de la vénérable chapelle de Notre-Dame des Sept-Douleurs de Chalon-sur-Saône.

Il resta toujours docile à cette pieuse inclination qui le portait à glorifier la Sainte Vierge par ses écrits.

Un jour qu'il visitait une église de Lyon, une statue antique de la Sainte Vierge, invoquée sous le titre de « Notre-Dame de Pitié, » attira son attention. La sainte image est dépourvue de toute beauté artistique, sinon de toute expression; mais le soin avec lequel elle est conservée et ornée fit penser au pieux visiteur que, dans l'esprit des fidèles, elle était entourée d'une auréole de souvenirs très édifiants, de bienfaits merveilleux. M. de Cissey, allant aux informations auprès du clergé de la paroisse, apprit que la statue, placée dans une petite chapelle qui s'élevait, avant la Révolution, sur les bords du Rhône, en face du Sanctuaire de Fourvières, était autrefois l'objet d'un culte très populaire. On la vénérait sous le vocable de Notre-Dame de Pitié ou de Béchevelin. Tous les récits qu'il entendit parlèrent à son cœur. Il voulut aussitôt, pour réveiller et entretenir la dévotion à Notre-Dame de Pitié, retracer en quelques pages les origines du pèlerinage et les faveurs extraordinaires que la foi des fidèles attribuait au culte de la vénérable statue. Le livre parut, muni de l'approbation de l'autorité ecclésiastique, sous ce titre : *Notre-Dame de Béchevelin, notice sur l'ancien et le nouveau pèlerinage, par l'auteur de la vie de sœur Marguerite du Saint-Sacrement*. C'est un opuscule qui se distingue par un charme de style des plus attrayants et un accent de piété plein d'onction. L'auteur s'étend principalement avec amour sur le récit de quelques miracles opérés par l'intercession de Notre-Dame de Béchevelin.

Au commencement de l'année 1883, un événement extraordinaire, qui se passait à Lyon, offrit à M. de Cissey une nouvelle occasion de mettre en évidence la vivacité de sa foi et la ferveur de sa dévotion à la Sainte Vierge. Le bruit se répandit alors dans toute la ville qu'une jeune personne de la Croix-Rousse, pauvre, infirme et très pieuse, avait été guérie miraculeusement à la suite d'apparitions réitérées de la Sainte Vierge. On ajoutait que la Reine du ciel, dans cette nouvelle manifestation de sa bonté, avait exprimé un désir et donné des avertissements.

Aussitôt le modeste appartement de la jeune ouvrière, que la Mère des miséricordes avait illuminé des rayons de sa gloire, devint le but d'un pèlerinage continuel : des faveurs étonnantes, des guérisons miraculeuses, tous les prodiges qui composent ordinairement le cortège de Marie visitant son peuple s'opéraient, disait-on, dans l'humble demeure de la voyante.

A la première nouvelle de ces apparitions, M. de Cissey vint avec allégresse s'agenouiller dans les lieux témoins de tant de prodiges ; ses visites furent fréquentes. C'était pour lui un vrai bonheur que de contempler la physionomie de la jeune personne sur laquelle la Sainte Vierge avait fixé ses regards avec complaisance ; il était ravi : la candeur de la jeune fille, disait-il, la franchise de son regard, sa simplicité exempte de toute prétention, sa réserve délicate et docile me touchèrent profondément.

Il l'interrogea plusieurs fois, avec un vif désir de s'édifier, sur tous les détails des apparitions. Puis, il voulut rendre gloire à Marie en faisant partager à ses frères dans la foi ses pieuses impressions. En formant ce dessein, M. de Cissey obéissait, il est vrai, à son attrait pour l'apostolat ; mais tandis que la vivacité de sa foi lui suggérait de saintes hardiesses, sa sincère piété le rendait prudent et circonspect. Avant de se mettre à l'œuvre, il consulta Dieu dans la prière, il soumit son projet à l'approbation de vénérables et savants ecclésiastiques, il s'entoura des investigations les plus minutieuses; ensuite il publia un petit livre sur cet événement, qui alors occupait vivement l'attention des catholiques. « Dans ce récit, écrivait-il à une pieuse personne, je crois être arrivé à l'exactitude la plus rigoureuse possible. »

La diffusion de ce délicieux opuscule fut des plus rapides : quinze éditions, tirées à plusieurs milliers d'exemplaires, furent épuisées en moins de trois ans.

Voilà un éclatant succès. Il s'explique non seulement par l'attrait si puissant que nous avons pour le merveilleux, mais encore par l'expression éloquente de la foi du pieux écrivain et par le charme de son style dans la narration.

En bon et fidèle catholique, M. de Cissey avait eu soin de déclarer en tête de son livre qu'il se conformait absolument aux décrets du Saint-Siège concernant les faits surnaturels. Il ne faut pas oublier, en effet, que Notre-Seigneur a placé son Église comme intermédiaire entre Dieu et les hommes, et lorsque, dans son indépendance souveraine, il lui plaît d'avoir des communications immédiates et personnelles avec certaines âmes, de transmettre par leur organe des avertissements à son peuple, elle est appelée à surveiller, à contrôler et à vérifier au besoin les communications divines, de peur qu'il ne vienne à s'y mêler quelque alliage d'erreur ou d'illusion. C'est là un des caractères de sa divine mission.

L'Apôtre du Dimanche le savait : « A l'Église seule, écrivait-il, revient le droit de juger les faits surnaturels ; mais jusqu'à ce qu'elle ait rendu une décision devant laquelle les chrétiens doivent s'incliner, cette Mère pleine d'indulgence laisse à ses enfants la liberté d'apporter leur témoignage fidèle et respectueux. De l'ensemble de ces dépositions jaillissent des lumières qui, plus tard, aideront à démêler la vérité des scories qui peuvent l'altérer. »

Ainsi le zélé Catholique apporta son témoignage fidèle, heureux d'offrir à Marie cette nouvelle marque de sa tendre dévotion. Puis, il s'effaça, garda le silence, attendant avec la docilité la plus respectueuse la décision de l'Église.

Or, il est permis de croire que c'est pour répondre aux nouveaux avertissements de la Sainte Vierge, auxquels M. de Cissey voulut avec un zèle si discret donner tout l'éclat de la renommée, que sa Sainteté Léon XIII a publié ses immortelles lettres Encycliques sur la récitation du Saint Rosaire.

Le Missionnaire de Pie IX et de Léon XIII, cela se conçoit, avait pour l'Église un dévoûment tout filial. Il aimait à s'appeler l'auxiliaire du clergé. C'est à titre d'auxiliaire, en effet, qu'il s'efforça pendant seize ans de ramener la population dans les églises, autour de ses prêtres. Dans le récit de son apostolat pour la sanctification du dimanche, nous avons essayé de faire ressortir sa soumission absolue à la direction de Nos Seigneurs les Évêques. Il était si pénétré de cet esprit d'obéissance respectueuse et d'attachement qu'il paraissait identifier ses affections et ses intérêts à ceux de l'Église; son cœur était un écho où chaque triomphe et chaque épreuve de la Religion avaient un retentissement.

Une des œuvres qui faisait l'objet de ses plus religieuses préoccupations, parce qu'il la voyait avec raison intimement liée à son apostolat, était celle du recrutement du clergé. Combien de fois, en apprenant la mort d'un prêtre, et il en connaissait un très grand nombre, s'est-il écrié avec tristesse : « ah ! que de vides dans les rangs du clergé paroissial ! que vont devenir nos populations ? » Avec son profond esprit de foi il jugeait de la grandeur d'un peuple au nombre et à l'influence de ses prêtres. Que de traits, que d'anecdotes à la louange du prêtre il a publiés dans les *Annales du Dimanche!* Voici un article qui nous permet d'apprécier les sentiments de confiance, d'amour et de vénération que ce dévoué catholique nourrissait pour le sacerdoce :

« L'extension et l'activité du zèle des catholiques réclameraient de bien des lieux un clergé plus nombreux. Que de moissons se perdent sans être récoltées ! Que d'âmes attendent inutilement la bonne nouvelle ! Les paroisses, les missions, les aumôneries diverses se disputent les membres du sacerdoce, et il faudrait un redoublement de zèle et de prosélytisme pour accroître le nombre des vocations religieuses, tandis que la multiplicité des carrières ouvertes à l'activité des jeunes gens, les rend indécis et en détourne plusieurs. Pour qu'une vocation ecclésiastique puisse persévérer, il faut qu'elle soit cultivée de bonne heure. C'est donc par le clergé lui-même que le sacerdoce peut, le plus sûrement, se recruter. Ainsi, dans une paroisse, c'est le curé qui peut le mieux préparer les enfants qui semblent annoncer d'heureuses dispositions. Qui d'ailleurs le ferait aussi bien que lui ? Il y a de saints prêtres qui font lever autour d'eux les vocations ecclésiastiques. Rien qu'à les voir si pieux à l'autel, l'enfant qui leur présente le pain et le vin du sacrifice aspire à leur ressembler, et ce fut là que plus d'un reçut la lumière qui décida de son avenir sacerdotal.

Encourageons donc les prêtres qui peuvent élever des jeunes gens pour le sacerdoce, en accroissant par nos dons les ressources des caisses diocésaines destinées à venir en aide à ceux dont les familles ne pourraient compléter l'éducation ecclésiastique dans les séminaires. Ajoutons à ces offrandes un sentiment de considération plus respectueuse pour le caractère du ministère sacerdotal, travaillons à relever aux yeux du monde la dignité du prêtre et redoublons pour lui de respect. Dans plus d'une province, donner un de ses fils au service de l'Église est encore regardé comme un grand honneur pour une famille. Fortifions ce sentiment, et peut-être contribuerons-nous ainsi à soutenir plus d'une vocation hésitante. N'est-il pas de notre devoir de protéger l'Église en entourant ses ministres de notre légitime et profonde considération? si nous avions la douleur de voir diminuer notre clergé déjà insuffisant, bientôt nous n'aurions plus ni paroisses, ni offices religieux, ni culte, ni religion !

Ah! qu'heureuses étaient les familles qui fournissaient de nombreux membres au sacerdoce! Par leur affectueuse sollicitude, ces prêtres entretenaient dans ces familles bénies une union cordiale, les traditions religieuses, une probité héréditaire et le sentiment du devoir poussé jusqu'au sacrifice gage de tout honneur et de toute considération.

Rappelons ces bénédictions attachées aux vocations sacerdotales, montrons comment elles seraient un honneur et un réel avantage pour les familles, et c'est ainsi que nous pourrons tous encourager de nouvelles vocations dont la grâce de Dieu dépose partout les germes. »

M. de Cissey nous paraît avoir mis tout son cœur dans cette page, car les éloquents et sages conseils que lui inspirait l'ardeur de son zèle pour le recrutement du clergé, il était le premier à les pratiquer. Il se plaisait à recevoir à sa table les séminaristes du voisinage, il les invitait avec une cordialité si franche et si aimable que les jeunes lévites se sentaient toujours à l'aise avec ce bon catholique; puis il s'entretenait de la meilleure grâce avec eux des études et des choses ecclésiastiques, les encourageant avec sa discrétion habituelle par des marques fréquentes de respect et de sympathie. Tous les ans, il donnait un secours très généreux pour l'entretien des séminaires. Un jour il voulut faire davantage : ayant remarqué dans une famille chrétienne de son village un enfant à la physionomie ouverte et intelligente, il le prit en affection, et sa première pensée fut de le diriger vers le sacerdoce. Il lui enseigna lui-même le latin pendant quelques années; ensuite il le présenta au séminaire. Les brillants succès que le jeune homme obtint dans ses études firent honneur au discernement et à la méthode de son premier maître. Cependant la Providence ne l'a point appelé à l'état ecclésiastique; mais M. de Cissey garda tout le mérite de son dévoûment, et son ancien élève, qui est resté toujours digne de son affection, occupe aujourd'hui dans le monde une position honorable.

L'Apôtre du Dimanche faisait à ses frais ses longs et coûteux voyages à travers la France pour propager l'œuvre du salut national. Quand il eut fondé le « *Dimanche Catholique*, » il consacra la plus grande part des revenus de ce journal aux bonnes œuvres, au Denier de saint Pierre et à l'entretien des maisons religieuses. Personne mieux que lui ne comprit la nécessité des écoles libres; animé comme il l'était de la foi la plus vive, il éprouvait la plus pénible indignation à la pensée qu'on voulait faire un peuple privé de tout enseignement et de toutes croyances religieuses. L'importance des écoles libres égalait, à ses yeux, celle de la sanctification du Dimanche. Pour les soutenir, il usait de toute son influence, il leur donnait publiquement des témoignages de sa confiance et de sa considération, multipliait les démarches en leur faveur, luttait contre les difficultés, fournissait des secours et se faisait encore pour elles solliciteur.

Mais ces œuvres de zèle locales, pour être très avantageuses aux maisons qu'il protégeait, n'étaient toutefois pour M. de Cissey qu'un délassement. Sa grande affaire, celle qui remplissait toute sa vie, fut jusqu'à la fin l'Œuvre dominicale. Il consacrait toutes ses journées, qui commençaient invariablement à quatre heures du matin et se terminaient à dix ou à onze heures du soir, à la préparation d'un discours, à la rédaction du journal et à la correspondance. Vers les dernières années de sa vie, il se chargea encore du soin de faire la classe à son petit-fils. « Prière et travail, c'était sa maxime, n'ont qu'un but, nous conduire au ciel, et avec nous le plus d'âmes que nous pourrons. » Il aimait à habiter la chambre, un peu isolée, que son cher fils Joseph occupait autrefois. C'était là, au deuxième étage, qu'il montait chaque matin d'un pas accéléré, après son oraison et une visite au Saint-Sacrement, pour continuer, tout le jour, son dur et cher labeur. « Je ne sors plus de ma retraite, écrivait-il, où je trouve tant de besogne, que je suis effrayé à la pensée de la quitter quelques heures. »

Dans ces interminables veilles, M. de Cissey contracta le germe d'une très grave maladie. Sa complexion robuste, qui demandait l'exercice et le grand air, souffrait de cette vie assidue de cabinet. Puis, tous ces grands discours qu'il avait prononcés devant des auditoires très nombreux, avec tant de chaleur et d'action, avaient fatigué sa poitrine. Ses forces étaient grandes sans doute, elles trahirent pourtant la vigueur de sa volonté.

Aux premiers symptômes du mal, il communiquait à une pieuse personne ces graves réflexions : « Je viens d'être souffrant pendant quelques semaines ; une bronchite et différents malaises m'ont fait me demander si je ne devais pas me préparer plus sérieusement à arriver à ce but de la vie que nous oublions trop et qui devrait seul nous préoccuper, en nous rappelant que nous ne devons rien faire que pour Dieu et pour son service. »

Cependant il restait debout ; sa haute taille ne fléchissait point ; la souffrance n'altérait pas son visage ; c'était toujours la même lucidité dans la pensée et la même flamme au cœur. Tous les matins il allait, calme et résolu, reprendre sa tâche, sans se préoccuper de savoir s'il achèverait la journée. Quelquefois un nuage de tristesse passait sur son front, il disparaissait bientôt dans une visite au Saint-Sacrement.

Mais le mal poursuivait ses ravages, les forces déclinaient, et le chrétien fidèle entendait le dernier appel que Dieu adresse à l'âme : « Je perds mes forces, disait-il, ma main tremble et je travaille bien difficilement ; priez pour moi, afin que je sache accepter ce que Dieu m'enverra. » Et il continua son cher labeur, où rayonnaient toujours les paroles de foi et de zèle, jusqu'à ce que la plume lui tomba des mains. Cet homme si vigoureux et si dispos, nous l'avons vu plusieurs fois se traîner haletant, avec la plus tenace énergie, vers sa chapelle pour y recevoir le Pain des forts.

Le vaillant chrétien, qui ne cherchait pas le repos ici-bas, resta seulement quatre jours couché. Il reçut les derniers sacrements avec la vivacité habituelle de sa foi. Ensuite la divine Providence, avant d'appeler ce croyant de la famille des Saints à contempler les clartés divines, permit que sa belle intelligence subît une légère éclipse. C'était sans doute pour épargner au mourant des émotions toujours troublantes que Dieu lui ôtait le sentiment de la séparation définitive. Puis il tomba dans un profond assoupissement qui le rendait insensible à tout ce qui se passait autour de lui. Mais la Foi, qu'il avait tant aimée, veilla dans son cœur jusqu'au dernier instant. Quand le prêtre lui suggérait quelque pieuse invocation à Notre-Seigneur, à la Sainte Vierge et à saint Joseph, le mourant, comme ravivé par une vertu souveraine, donnait aussitôt des signes très expressifs et répétés d'adhésion, traçait de sa main défaillante le signe de la croix sur sa poitrine et s'efforçait de murmurer les oraisons jaculatoires. Aucune autre parole ne pouvait le tirer de sa léthargie. Ainsi jusqu'à la fin Louis de Cissey vécut de la foi. L'agonie, à vrai dire, avait duré un an ; il l'avait soutenue sans laisser percevoir toute la gravité du mal ; l'effort suprême ne dura qu'une heure, et l'Apôtre, après avoir proclamé avec la plus généreuse persévérance en ce monde les bienfaits et les saintes joies du Dimanche, vit enfin briller les splendeurs du jour de Dieu qui n'a pas de déclin. C'était le 27 mars 1889. M. de Cissey avait soixante-douze ans.

Ses traits avaient gardé leur régularité ; la mort avait à peine mis son empreinte sur son visage, où se reflétaient la sérénité et la paix qu'inspire à l'âme, au départ de ce monde, la confiance en Dieu. Sa pieuse famille se rappelant que le défunt, selon l'esprit de l'Église, avait constamment désapprouvé l'usage profane d'entourer une couche funèbre de fleurs et de couronnes, respecta fidèlement ses sentiments. Le chrétien accepte avec une humble soumission et en esprit de pénitence son arrêt de mort ; c'est Dieu qui sait et peut ensuite couronner son serviteur. Toutefois elle ne put refuser quelques couronnes, témoignages spontanés de vénération et de reconnaissance. Chose digne de remarque, la dépouille mortelle de M. de Cissey, après avoir été exposée pendant cinq jours, ne laissait voir aucune trace de corruption.

Au jour des obsèques, on put apprécier la grande place qu'il tenait dans l'estime publique : Ses amis, ses protégés et ses admirateurs, de tous les rangs et de toutes les conditions, quelques-uns venus de pays très éloignés, firent à la dépouille du fervent catholique un cortège qui se déroulait, en rangs serrés, sur un parcours de deux kilomètres. L'attitude très respectueuse et le profond recueillement de cette foule attestaient que la pieuse mémoire de M. de Cissey remplissait tous les cœurs ; c'était une manifestation religieuse des plus imposantes. Monseigneur Lecot, Évêque de Dijon, aujourd'hui Cardinal-Archevêque de Bordeaux, dérogeant aux règlements en vigueur, permit avec empressement de prononcer en chaire l'éloge funèbre du défunt. Le fervent catholique avait édifié ses compatriotes par tant d'exemples de foi et de piété, que cet hommage public rendu à sa mémoire, comme à celle d'un prêtre, en face des autels, fut accueilli avec une vive satisfaction par tous les assistants.

Ses restes reposent à coté de ceux de son fils, sous un monument de style renaissance, d'un aspect sévère et grandiose ; au sommet s'élève un magnifique Crucifix en pierre, comme il convient à la mémoire du grand chrétien. On a gravé sur la tombe son nom et une courte épitaphe qui caractérise sa vie. La piété filiale y a fait ajouter ces paroles : « Souvenez-vous de sanctifier le jour du Seigneur. »

M. de Cissey n'a pas eu la joie de voir le succès complet de son œuvre : le vaillant semeur est tombé sur le large sillon qu'il a ouvert. Il a reçu la récompense promise au serviteur vigilant, que le Maitre a trouvé faisant son travail ; d'autres recueilleront la moisson préparée par ses labeurs. Cette moisson paraît s'annoncer très abondante.

De nombreuses et vastes associations, en effet, composées d'hommes de croyances et d'opinions différentes, tous unis cependant dans la même intention, celle d'obtenir le repos du « Dimanche » font entendre aujourd'hui avec toute l'autorité de l'expérience et de la raison les plus légitimes revendications. On appelle à juste titre cette vaste fédération la « ligue du Bien public. » Applaudissons avec reconnaissance aux généreux efforts de tous ces hommes de bonne volonté. Mais, il faut le reconnaître, le promoteur qui a ouvert la voie à l'œuvre du salut et lui a donné la plus puissante impulsion, celui qui a revendiqué avec le plus généreux zèle le droit de Dieu, et dénoncé avec la plus constante énergie les conséquences désastreuses de la profanation du jour consacré, c'est le missionnaire de Pie IX et de Léon XIII.

Son apostolat béni par les Évêques et les Souverains Pontifes participe de la vitalité et de la force d'expansion de l'Église; car les associations dominicales qu'il a fondées dans la plupart des villes de

France agissent et se propagent toujours sous l'influence de la première impulsion ; elles se présentent comme les alliés les plus fidèles et les plus puissants aux comités nouveaux de la « ligue du Bien public. » Et c'est justice de saluer en M. de Cissey le grand promoteur de cette œuvre de régénération sociale.

C'est pourquoi, nous avons cru utile d'esquisser la physionomie de l'Apôtre du Dimanche et de fixer le souvenir de ses travaux. Puisse la lecture de ces modestes pages, comme nous l'avons dit au début du livre, soutenir le zèle de ceux qui furent ses auxiliaires et inspirer quelque généreuse résolution.

FIN.

TABLE DES CHAPITRES.

CHAPITRE I.

Naissance de Louis de Cissey. — Sa famille. — Sa jeunesse. 1

CHAPITRE II.

Son mariage. — Sa vie chrétienne. — Ses œuvres de charité et de zèle. — Conférences de saint Vincent de Paul. — Liberté de l'enseignement. — Rapports avec M. de Montalembert. — Société d'histoire et d'archéologie. . 21

CHAPITRE III.

Rapports avec le R. Père Eymard. — Voyage à Niederbronn. — Une prédiction. — M. de Cissey et le Capitaine Auguste Marceau, Commandant de l' « *Arche d'alliance* ». — Un baptême inespéré. — La Révérende Mère Marie Alphonse. — Une première communion. 49

CHAPITRE IV.

Voyage à Fribourg-en-Brisgau. — M. Égler. — Une guérison extraordinaire. — Rapports avec M. le baron Théodore de Bussières. — M. de Cissey et M. Théophile Foisset. 69

CHAPITRE V.

La « vie de la Vénérable Marguerite du Saint-Sacrement. — Activité de M. Cissey. — Œuvres diverses de charité. 83

CHAPITRE VI.

Son fils. — Sa famille. 99

CHAPITRE VII.

Origine de l'œuvre de la Sanctification du Dimanche. — M. de Cissey et M. l'abbé Chevrier. — Pèlerinage à la Salette. — Premiers essais de propagande. — Encouragements de Nos Seigneurs les Évêques. — Lettre de Mgr l'Évêque de Dijon. — M. de Cissey à l'audience de Pie IX. 119

CHAPITRE VIII.

M. de Cissey prépare ses conférences sur le Dimanche. — Pèlerinage à Ars. — Lettre de Mgr l'Evêque de Dijon, — Zèle du propagateur de l'association dominicale. — L'Œuvre est agrégée à la grande Archiconfrérie de Rome. — Proclamation de la croisade dominicale. — Manifestation du Palais de Commerce à Lyon. — Missions dans un grand nombre de diocèses. — Paroles de Mgr l'Évêque de Troyes. — Caractère de l'apostolat de M. de Cissey. — Second pèlerinage à la Salette. — Nouvelles missions. — Distinction honorifique. 141

CHAPITRE IX.

M. de Cissey à l'audience de Léon XIII. — Ses dernières missions. — Son genre d'éloquence. 171

CHAPITRE X.

Croisade de la prière. — Le « *Dimanche Catholique* ». — « Aimons nos paroisses ». — Correspondance de M. de

Cissey. — Rapports avec les catholiques du Portugal. — Une réparation. 193

CHAPITRE XI.

Vertus de M. de Cissey. — Sa foi. — Son amour de Notre-Seigneur Jésus-Christ. — Sa dévotion au Très Saint-Sacrement de l'autel. — Son humilité. 213

CHAPITRE XII.

Sa dévotion à la Très Sainte Vierge. — Son amour de l'Église. — Sa vie laborieuse. — Sa maladie. — Sa mort. — Ses funérailles. — Épilogue. 227

ERRATA.

Page 33, ligne 20, *au lieu de* : doctrine qui nous enseigne de l'abnégation, et du renoncement, *lire* : doctrine qui nous enseigne l'abnégation, le renoncement, etc..

Page 43, ligne 4, *au lieu de* : en 1870, *lire* : en 1850.

Page 97, ligne 13, *au lieu de* : à l'habile et dévoué catholique, *lire* : au vaillant chrétien.

Page 106, ligne 13, *au lieu de* : puis il passait à un autre apostolat, *lire* : et il passait à un autre apostolat.

Page 188, ligne 2, *au lieu de* : à la vue de la profanation si scandaleuse du jour consacré, que le cardinal Mermillod appelait *la grande prévarication de notre époque*, *lire* : à la vue de la profanation scandaleuse du jour consacré, *de la grande prévarication de notre époque*.

Page 194, ligne 12, *au lieu de* : il demandait aux prêtres d'associer le souvenir de l'œuvre, *lire* : il demandait aux prêtres d'ajouter le souvenir...

Page 209, ligne 13, *au lieu de* : nous nous sommes bornés, *lire* : nous nous sommes borné....

www.ingramcontent.com/pod-product-compliance
Ingram Content Group UK Ltd.
Pitfield, Milton Keynes, MK11 3LW, UK
UKHW020546180726
13838UKWH00001B/65

9 782329 394275